AF509324

MICAELA,

OU

PRINCESSE ET FAVORITE,

DRAME EN TROIS ACTES, MÊLÉ DE CHANT,

PAR MM. COGNIARD, POUJOL ET F. MAILLARD,

Musique arrangée par M. Adolphe.

REPRÉSENTÉ POUR LA PREMIÈRE FOIS, A PARIS, SUR LE THÉATRE DES FOLIES-
DRAMATIQUES, LE 6 AVRIL 1837.

— Cette chambre? — C'est la mienne... et je veillerai sur toi.　　(ACTE II, SC. IX.)

PARIS,

NOBIS, ÉDITEUR, RUE DU CAIRE, N° 5.

—

1837.

<table>
<tr><td>Personnages.</td><td>Acteurs.</td></tr>
</table>

MARIE-DE-BOURGOGNE, fille de Charles-le-Téméraire   Mme A.-HENRI.

MICAELA, sa favorite.   Mlle NATHALIE.

L'ARCHIDUC MAXIMILIEN.   M. MILET.

STÉPHEN, COMTE DE MONTFORT, gentilhomme français.   M. ST-MAR.

VANDERLINDEN, sénéchal du palais.   M. NEUVILLE.

VANBISHOP, premier échevin et tuteur de Marie-de-Bourgogne.   M. BELMONT.

UN CHEF DE PATROUILLE.   M. FRANCIS.

UN GARDE PARLANT.   M. DESQUEL.

UN PAGE PARLANT.   Mlle CÉSARINE.

PAGES.

DOMESTIQUES.

HOMMES D'ARMES.

La scène se passe dans le palais ducal de la ville de Gand, en 1477.

Imp. J.-R. MEVREL, pass. du Caire, 54.

MICAELA,

DRAME EN TROIS ACTES, MÊLÉ DE CHANT.

ACTE I.

Les jardins du palais ducal. A droite, un péristyle ; à gauche, un bosquet ; au fond, une grille donnant sur une place de la ville.

SCÈNE I.

VANBISHOP, L'Archiduc MAXIMILIEN, Échevins, du côté de Vanbishop et un peu en arrière : en dehors, Deux Factionnaires.[*]

(Le sénéchal arrive par le péristyle, tandis que le duc et les autres entrent par la grille du fond.)

LE SÉNÉCHAL, à la cantonade.

Fermez toutes les fenêtres, gardez soigneusement toutes les portes, et ne laissez sortir quoi que ce soit du palais, avant qu'on n'ait retrouvé la perruche et la favorite de la princesse. (Apercevant le duc et les échevins.) Ah ! monseigneur... messieurs les échevins, je ne vous avais point aperçus. (Saluant.) J'ai bien l'honneur...

LE DUC.

Bonjour, mon cher sénéchal, bonjour ; rentrez au palais, et demandez à notre gracieuse souveraine si son bon plaisir est de nous recevoir, moi et messieurs les échevins de sa bonne ville de Gand ?

LE SÉNÉCHAL.

Prêt à vous obéir, monseigneur ; mais je crains que votre demande ne soit pas favorablement accueillie en ce moment.

LE DUC.

Et qui peut vous le faire croire, cher sénéchal ?

LE SÉNÉCHAL.

La mauvaise humeur de notre auguste souveraine.

VANBISHOP.

Expliquez-vous mieux, messire Vanderlinden.

LE SÉNÉCHAL.

Vous savez, messeigneurs, ou vous ne savez pas, que la princesse n'aime rien tant au monde que sa vieille perruche et sa jeune favorite Micaëla?..

LE DUC, avec fatuité.

Je sais quelqu'un qu'elle aime encore plus que tout cela... mais ceci n'est pas de votre compétence, mon cher... continuez.

LE SÉNÉCHAL.

Si bien que perruche et favorite ont disparu depuis ce matin. La princesse s'ennuie de ne point jouir des saillies de l'une et du caquet de l'autre ; et je le conçois, car Micaëla est une charmante fille pleine de malice, et la perruche dit : Baisez vite ! d'une façon toute particulière.

LE DUC.

Eh bien ! mon cher sénéchal pour chasser l'ennui de votre souveraine, annoncez-lui ma visite, et je me flatte qu'elle ne regrettera plus l'absence de son perroquet.

LE SÉNÉCHAL.

J'obéis, monsieur le duc, mais je doute...

Air : Pour mettre un terme. (FILS DE THIROULET.)

De remplacer sa bête favorite,
Vous n'aurez pas, croyez-moi, le talent ;
Vous ne pourrez lui dire : Baisez vite !
Son perroquet a seul ce droit charmant.

LE DUC.

De cet oiseau, quoi ! peut-elle être éprise,
Quand il lui dit, sans rien changer jamais,
Les mêmes mots et la même bêtise,
Pour l'égayer, du moins, je varirais.

[*] Les personnages sont inscrits dans l'ordre qu'ils occupent à la scène : le premier tient la gauche du spectateur : les changemens sont indiqués par des notes.

LE SÉNÉCHAL.

De remplacer... etc.

LE DUC.

De remplacer perruche et favorite ,
Ah ! croyez-moi, j'ai le secret charmant :
Allez , mon cher, annoncer ma visite,
Je vous réponds d'un succès éclatant.

ENSEMBLE.

VANBISHOP.

De remplacer perruche et favorite ,
Le noble duc a le secret charmant ;
Allez , mon cher, annoncer sa visite ,
Nous répondons d'un succès éclatant.

Le sénéchal rentre dans le palais par le péristyle.

SCÈNE II.

LES ÉCHEVINS , LE DUC , VANBISHOP.

LE DUC.

Et maintenant , messieurs les échevins, je vous le répète, si vous me secondez dans mes projets, si je deviens l'époux de Mademoiselle Marie-de-Bourgogne , vous pouvez compter sur ma reconnaissance ; les ducs Maximilien ne furent jamais des ingrats ; l'histoire est là pour le prouver.

VANBISHOP.

Nous n'en doutons pas, monseigneur... du moins j'aime à le croire. Mais avant d'être présenté à notre souveraine, permettez, monsieur le duc, que je reprenne les choses d'un peu haut, afin d'établir un juste équilibre entre le service et la reconnaissance : Charles-le-Téméraire, de glorieuse mémoire , *(Il se découvre, les autres échevins l'imitent.)* légua, en mourant, à sa fille bien-aimée, Marie-de-Bourgogne , les duchés de Flandre et de Brabant , et voulut qu'elle restât sous la tutelle des échevins de sa bonne ville de Gand , jusqu'au jour où elle prendrait un époux ; or, nous, ici présens , étant lesdits échevins , nous sommes naturellement les tuteurs de notre gracieuse souveraine : mon raisonnement est clair et limpide...du moins j'aime à le croire.

LE DUC.

Aussi clair et aussi limpide que la bière que vous fabriquez, maître Vanbishop. *(A part.)* Je ne connais rien de plus bavard et de moins amusant qu'un échevin.

VANBISHOP.

Poursuivons... Feu notre souverain, le duc de Bourgogne, voulut en outre, toujours par son testament, que sa fille ne fût libre de prendre un époux qu'autant qu'il serait gentilhomme et agréé par nous. Dans cet état de choses, vous vous êtes mis, monseigneur , au nombre des prétendans à la main de Mlle Marie-de-Bourgogne ; mais ils sont nombreux. Le comte de Rivière, le duc de Clarence , le...

LE DUC, *l'interrompant et lui frappant familièrement sur l'épaule.*

Maître Vanbishop, quand on se nomme Maximilien , qu'on est archiduc d'Autriche, qu'on a vingt-cinq ans, de l'esprit, de la tournure et deux cent mille florins de revenu, on peut, je crois, élever ses prétentions jusqu'à la fille de Charles-le-Téméraire , ce n'est pas trop haut ; je pourrais aller plus haut, mais je ne veux pas. Apprenez, maître Vanbishop, qu'avec la moitié de tous ces avantages je gagerais ne pas trouver dans toute la Flandre et tout le Brabant une seule femme qui eût la force de me résister.

VANBISHOP.

Certainement, monseigneur, du moins j'aime à le croire. Bref, aujourd'hui vous nous avez priés de venir solennellement et en corps, vous présenter à la princesse comme l'époux qui ferait infailliblement son bonheur et celui de ses sujets... vos qualités éminentes, que nous connaissions déjà, et que vous avez pris la peine de nous redire, les brillantes promesses que vous nous avez faites nous ont décidés ; et nous sommes prêts à vous servir de tout notre pouvoir de tuteurs, espérant que... si... un jour... vous étiez... nous serions... peut-être... du moins... j'aime à le croire.

LE SÉNÉCHAL , *dans la coulisse.*

Les voilà ! les voilà !...

SCENE III.

LE DUC, LE SÉNÉCHAL, VANBISHOP, puis **MICAELA**, qui entre avec le perroquet sur son doigt.

LE SÉNÉCHAL, entrant.

Les voilà! les voilà!..

LE DUC.

Les voilà? qui ça?..

LE SÉNÉCHAL.

La perruche et la favorite... je viens de les apercevoir, l'une portant l'autre... c'est la favorite qui portait l'autre... Dieu que la princesse va être enchantée!..   (Micaëla entre.*)

CHOEUR.

AIR du Forgeron.

Ah! quelle allégresse!
C'est le perroquet;
Entendez-vous son gentil caquet!
Vers notre princesse,
Courons à l'instant
Lui reporter son oiseau charmant.

LE DUC, à Micaëla.

Charmante Micaëla, vous vous étiez donc égarée?

MICAELA.

Oui, monseigneur, j'ai poussé ma promenade plus loin que de coutume, sans m'en apercevoir. Ce perroquet me répétait sans cesse le même compliment, et je me croyais toujours dans les salons du château, au milieu de vous tous messieurs les courtisans.

LE SÉNÉCHAL.

Vous rirez donc toujours à nos dépens, petite espiègle.

MICAELA.

Oui monsieur le sénéchal, à moins que vous ne cessiez d'être risibles.

LE SÉNÉCHAL.

Elle est adorable!... Monsieur le duc, je vous engage à profiter, pour vous présenter à notre souveraine, du plaisir qu'elle va éprouver en revoyant son oiseau chéri.

MICAELA.

Monsieur le sénéchal a raison, monseigneur, c'est un excellent introducteur, d'autant meilleur qu'il vous évitera les premiers frais de conversation. Oh! ce n'est pas un perroquet comme un autre.

LE DUC, faisant le gracieux.

Je n'en doute pas, jolie Micaëla; tout, dans cette cour, tient du prestige... et mérite un nom particulier.

AIR : Ah! si madame me voyait.

Ici, quand tout change d'aspect,
Et prend une riante image,
Cet oiseau, malgré son plumage,
Et sa couleur et son joli caquet,
Ne devrait pas se nommer perroquet.
Dans cette demeure céleste,
Où sont logés les Graces et les Ris,
Chacun le prendrait, je l'atteste,
Pour un oiseau... de Paradis,
Car c'est ici le Paradis!

MICAELA.

Vous parlez comme un ange, monseigneur. (A part.) Si toutefois il y a des anges fats et prétentieux.   (Elle donne le perroquet à un page.)

LE DUC.

Messieurs, allons chez la princesse. (A part.) Je lui redirai le compliment de tout à l'heure... ça la flattera.

LE SÉNÉCHAL.

Venez-vous avec nous, Micaëla?

* Le duc, Micaëla, le sénéchal, Vanbishop, deux pages derrière Micaëla.

MICAELA.

Non, sénéchal... vous allez parler d'affaires graves, sans doute... j'aime mieux rester ici et attendre l'heure à laquelle la princesse fait sa promenade du matin.

LE SÉNÉCHAL, à part.

En ce cas, je reste aussi. (Haut.) Monseigneur, nous vous suivons.

(Tout le monde, excepté Micaëla et le sénéchal, entre au palais et suit le duc en répétant :)

Ah ! quelle allégresse !

SCÈNE IV.

MICAELA, LE SÉNÉCHAL.*

LE SÉNÉCHAL, à lui-même.

Et dire que mon cœur de cinquante-cinq ans est sous la dépendance d'une jeune fille de dix-huit... J'ai beau me dire : Vanderlinden, mon ami, vous devriez vous en tenir là ; vous avez enterré, il y a un an, votre troisième femme, c'est assez ! je me dis cela, et pourtant je me sens disposé à en enterrer... (Se reprenant.) Je veux dire, à en épouser une quatrième. Si Micaëla voulait, on l'appellerait, dès demain, madame la sénéchale, mais elle a autre chose dans la tête. (Il s'approche d'elle.) Micaëla ?

MICAELA, qui continue d'arranger son bouquet.

Tiens ! vous n'êtes pas allé chez la princesse, sénéchal ?

LE SÉNÉCHAL, avec exaltation

Non, car ma princesse à moi, c'est vous ! ma reine, c'est vous ! mon soleil, c'est vous !

MICAELA, d'un air moqueur.

Sénéchal, comment va votre goutte... boitez-vous toujours ?

LE SÉNÉCHAL.

Méchante. (A part.) Elle détourne toujours la conversation... c'est étonnant comme, à cet âge-là, elle détourne déjà les conversations.

MICAELA, se levant.

Comment trouvez-vous ces fleurs ?

LE SÉNÉCHAL.

Presque aussi fraîches que vous. Vous en avez fait une ample provision; pour qui donc ce beau bouquet... serait-ce pour moi, charmante colombe ?

MICAELA, sur le même ton.

Non, respectable tourtereau, c'est pour mon auguste maîtresse, notre excellente Marie-de-Bourgogne.

LE SÉNÉCHAL.

Et ce joli bouton de rose, que vous avez à votre corsage, à qui le destinez-vous ?

MICAELA.

Oh ! pour cela, c'est mon secret.

LE SÉNÉCHAL.

Je parie que je le devine ?

MICAELA.

Je gage le contraire.

LE SÉNÉCHAL.

Un baiser sur votre blanc front.

MICAELA.

Un baiser ! oh ! je ne joue pas si gros jeu, messire.

LE SÉNÉCHAL.

Vous tiendriez un autre langage.... si j'avais seulement une trentaine d'années de moins.

MICAELA.

Et une vingtaine de dents de plus, c'est possible...

LE SÉNÉCHAL, se rapprochant d'elle.

Voyons, petite sirène, approchez-vous de moi : avez-vous peur que je vous morde.

MICAELA.

Oh ! non, messire : il y a de bonnes raisons pour cela.

* Le sénéchal a remonté la scène en suivant le duc, tandis que Micaëla va s'asseoir à gauche sur un banc de gazon et arrange les fleurs d'un bouquet.

LE SÉNÉCHAL.

Revenons à ce bouton de rose ; voulez-vous que je vous dise à qui vous le destinez ?

MICAELA.

A qui ?.. voyons, magicien ?

LE SÉNÉCHAL.

A un jeune gentilhomme que vous aimez, et qui se nomme Stéphen.

(Il l'examine.)

MICAELA, troublée.

Stéphen !

LE SÉNÉCHAL, appuyant.

Oui, Stéphen... Hé bien ! ai-je deviné juste ?

MICAELA, avec douleur.

Stéphen !

LE SÉNÉCHAL, à part.

J'ai touché la corde sensible. (Haut, et sans remarquer l'état de Micaëla.) Quand je dis que c'est à lui que cette rose est destinée, je me trompe ; c'est à son portrait que vous avez dans votre oratoire ; portrait peint par vous-même, sans doute, et de souvenir... au moyen d'un ressort secret, vous le dérobez à tous les regards sous une image de sainte Thérèse, votre patronne.

MICAELA.

Grand Dieu !.. comment avez-vous découvert ?..

LE SÉNÉCHAL.

Il y a quelques semaines, en passant devant votre oratoire, je soulevai doucement, comme j'ai coutume de le faire, la tapisserie qui en masque la petite porte. Je vous vis agenouillée et priant en silence ; j'admirais votre ferveur, quand en levant les yeux vers l'image à laquelle s'adressaient vos vœux, je n'aperçus plus sainte Thérèse, ou si c'était elle... bon Dieu, qu'elle était changée !..

AIR : J'ai toujours aimé, ma chère, à voir danser les anglais.

> Elle avait une moustache,
> Un uniforme complet,
> Dans sa main, une cravache
> Tenait lieu de chapelet.
> Des saints, je connais l'histoire,
> Mais, je n'ai pu, cependant,
> De celui d' votre oratoire
> Reconnaîtr' le signal'ment.

MICAELA.

Mais, comment savez-vous le nom que vous venez de prononcer ?

LE SÉNÉCHAL.

Parcequ'il y a un an, lorsque vous êtes tombée auprès de cette grille, mourante de fatigue, de besoin, c'est moi qui vous ai recueillie par les ordres de la princesse, qui vous ai prodigué tous les soins qu'exigeait votre état. Dans la fièvre brûlante qui vous dévorait, vous répétiez sans cesse le nom de Stéphen ; et moi j'ai auguré de là, tout de suite, que Stéphen était quelque beau cavalier qui vous avait trompée, et qu'à la suite de son cruel abandon, la tête perdue d'amour et de désespoir, vous aviez quitté le toit paternel. (Micaëla va s'asseoir.) C'est que voyez-vous, charmante Micaëla, on n'a pas l'avantage d'être veuf en troisièmes noces sans avoir eu le temps d'étudier à fond le cœur des femmes... et je suis très fort sur le cœur des femmes.

MICAELA, tombant sur un banc.

Quel souvenir il vient de réveiller !..

LE SÉNÉCHAL.

Et tout à l'heure, en me quittant, vous vous rendrez dans votre oratoire, vous découvrirez le portrait, et vous effeuillerez devant lui cette fleur, en adressant à l'image de l'infidèle de tendres reproches sur sa conduite et de douces paroles d'amour... Eh bien ! vous ne répondez pas ? (Il s'approche d'elle.) Ah ! mon Dieu ! quelle immobilité... allons, encore un de ces accès de mélancolie auxquels elle est sujette... je croyais qu'ils étaient passés sans retour. (La regardant avec intérêt.) Qui reconnaîtrait, dans cette jeune fille triste et abattue, la sémillante Micaëla, la favorite de la princesse, qui charme toute la cour par son esprit et sa gentillesse. (Lui prenant le bras.)

Micaëla ! Micaëla ! revenez à vous, reprenez votre gaîté : elle sied à votre âge comme elle sied au mien. Imitez-moi, je suis toujours jovial et plaisant, moi !.. Laissons là le passé, et préparons-nous un gracieux avenir.

MICAELA, se levant, et passant à la droite comme pour rentrer au château.

Pardon, monsieur le sénéchal, si je me retire... mais...

LE SÉNÉCHAL, la retenant.

Vous laisser partir dans cet état de tristesse... non pas, ma charmante... j'ai votre secret et je ne consens à le garder qu'à la seule condition que le sourire va revenir bien vite sur ces jolies lèvres. Allons, rions tout de suite ; je veux tout faire pour vous égayer. Voyons, Micaëla, qu'est-ce qui pourrait vous distraire ? voulez-vous que je vous fasse cadeau de ma superbe jument blanche, richement caparaçonnée... nous irons fendre l'air... au pas... le galop ne me va plus... voulez-vous des parures à vous en fatiguer les épaules ?..

MICAELA.

Merci, monsieur le sénéchal.

LE SÉNÉCHAL.

Air de la fille de Dominique.

Désirez-vous, ma toute belle,
Des jeux, des spectacles divers ;
Des bijoux où l'or étincelle,
Des fêtes, de brillans concerts?
Ah ! si votre ame était ravie
Par une douce mélodie,
Je prendrais mes légers chalumeaux
Pour charmer les côteaux, les échos! (Il imite le bruit de la flûte.)
        Lou, lou, lou, lou, lou, etc.   (Micaëla sourit.)

Ou bien, aimez-vous davantage,
Le silence de la forêt ;
Désirez-vous, dans le bocage,
Cueillir des frais's, boire du lait?
Préférez-vous, sous la coudrette,
Au bruit joyeux de la musette,
Savourant un nouveau plaisir,
Gambader, sautiller et bondir?

(Parlant.) Pour vous, Micaëla, je retrouverais mes mollets de vingt ans... pour vous plaire, je danserais jusqu'à extinction !.. dût ma dignité de sénéchal en être compromise... tenez, je la compromets ma dignité de sénéchal, je la foule aux pieds.

Tra la, la, la, la, la, la, etc.

(Il danse en chantant et sans voir entrer Marie et sa suite.)

SCÈNE V.

LE DUC, MARIE, LE SÉNÉCHAL, MICAELA, VANBISHOP,
ECHEVINS et PAGES.

TOUS, riant.

Ah ! ah ! ah !

LE SÉNÉCHAL, à part.

Ouf !.. ah ! ah !.. on m'a vu.

MARIE.

Je vous fais mon compliment, sénéchal, vous dansez à ravir.

LE SÉNÉCHAL.

Votre altesse est trop bonne. (A part.) Elle se moque de moi.

LE DUC.

Mon cher Vanderlinden, je ne vous connaissais pas ce talent.

VANBISHOP.

Le fait est que vous êtes gracieux pour votre vieil âge.

LE SÉNÉCHAL, à part.

Un chef de justice dans un pareil état ! je suis tout hérissé... je dois avoir l'air excessivement ridicule...

MICAELA, s'approchant de Marie et lui présentant son bouquet. *
Permettez-moi, ma gracieuse souveraine, de vous offrir ce bouquet.

MARIE.
J'ai bien envie de te gronder pour être restée si long-temps éloignée de moi... mais non, j'éprouve trop de plaisir à te revoir, et j'accepte ton bouquet... les jolies fleurs?..

LE DUC.
Et maintenant, belle princesse, vous voilà en famille.

MARIE.
Ah! duc, vous êtes d'une galanterie.

VANBISHOP, à lui-même.
Je ne comprends pas... Oh! si fait... c'est relativement aux fleurs... du moins j'aime à le croire. (Haut.) Ce que vient de dire monseigneur est très joli. (A Marie.) Madame en verra bien d'autres... en Flandre, nous sommes très facétieux, très amusans.

MICAELA, souriant avec malice.
Votre souveraine s'en est souvent aperçue, maître Vanbishop.

LE SÉNÉCHAL, à part.
La malice revient... l'accès de mélancolie est passé.

VANBISHOP.
Princesse, après la démarche matrimoniale que nous venons de faire auprès de vous, monseigneur l'archiduc Maximilien doit être impatient de connaître votre décision... nous vous laissons donc à vos réflexions... puissent-elles être conformes aux nôtres!

MARIE.
Messieurs les échevins, je vous ai demandé jusqu'à demain pour vous faire connaître ma réponse... et d'ici là, j'ai besoin, en effet, de me recueillir et d'être seule. " (A part.) Ah! messieurs mes tuteurs, quoique vous fassiez, je n'épouserai pas un homme que je ne saurais aimer... et certes, je n'aimerai jamais celui-là...

LE DUC, bas à Vanbishop.
Elle est à moi!.. mais la décence lui ordonne d'attendre à demain pour avouer son amour.

MICAELA, au sénéchal.
La princesse ne m'a rien dit, mais je puis vous promettre de vous épouser, sénéchal, quand le duc sera son époux.

LE SÉNÉCHAL.
Vrai!..

LE DUC, à Marie.
Avant de me retirer, gracieuse souveraine, permettez-moi de vous remercier de la manière flatteuse avec laquelle votre altesse a écouté le conseil que ses tuteurs lui ont donné, de m'accorder la préférence sur mes rivaux.

MARIE.
J'ai obéi, monsieur le duc, à mon devoir et aux convenances; je n'ai rien fait de plus.

LE DUC.
Je sais que la noble fille de Charles-le-Téméraire, ne pouvait laisser échapper un aveu qui eût blessé sa pudeur; mais si j'ai bien lu au fond de son ame...

MARIE.
Attendez à demain, monsieur le duc : on lit mal... quand on lit trop vite.

LE DUC.
C'est juste, noble dame... aussi, je me résigne... je ne rappellerai pas à votre altesse les avantages que je lui offre et les riches alliances que j'ai refusées pour elle... je ne lui dirai qu'une chose, c'est que je suis à elle corps et ame... et que le corps et l'ame d'un duc Maximilien ne sont pas choses à dédaigner.

VANBISHOP.
J'aime à le croire.

* Le duc, Marie, Micaëla, Vanbishop, le sénéchal.
** Vanbishop, passant à gauche avec les échevins, le duc, Marie, Micaëla, le sénéchal.

MARIE , au duc.

Vous êtes trop certain de votre mérite, pour que je m'avise de le contester. (Aux échevins.) Messieurs, je désire être seule. (A Micaëla.) Micaëla, reste auprès de moi.

AIR des Chevau-Legers. (PRÉ-AUX-CLERCS.

ENSEMBLE.

Encore un peu de patience :
Jusqu'à demain, oui, oui, jusqu'à demain :
De l'éloigner, j'ai l'espérance,
Et d'échapper à mon destin.
Jusqu'à demain,
Triste destin,
Jusqu'à demain, oui, oui, jusqu'à demain.

LE DUC.

Encore un peu de patience,
Jusqu'à demain, oui, oui, jusqu'à demain ;
De l'épouser j'ai l'espérance,
Ah ! pour moi, quel heureux destin.
C'est pour demain,
Heureux destin ! etc

LES ÉCHEVINS.

Encore un peu de patience,
Jusqu'à demain, oui, oui, jusqu'à demain ;
Ils combleront notre espérance,
Ah ! pour nous quel heureux destin ! etc.

MICAELA.

Encore un peu de patience,
Jusqu'à demain, oui, oui, jusqu'à demain ;
Au duc la princesse, je pense,
N'ira pas lier son destin, etc.

(Tout le monde sort, excepté Marie et Micaëla, les pages rentrent au palais.)

SCENE VI.
MICAELA, MARIE.

MICAELA.

Eh bien! ma noble maîtresse que dites-vous de l'époux que vous offrent vos tuteurs? ils n'ont pas la main heureuse, vos tuteurs.

MARIE.

Oh! je t'en prie, Micaëla, parle-moi de toute autre chose que de ce vilain duc. Quel supplice d'écouter les fades discours de cet homme !

MICAELA.

Il peut rivaliser de galanterie avec votre sénéchal. Vous ne savez pas que ce vieux fou veut absolument se remarier, lui, déjà trois fois veuf. Il prétend qu'une femme de plus ou de moins ne l'effraie pas. Lui, c'est possible, mais ce serait effrayant pour sa femme. (S'approchant de Marie.) Mais, vous ne m'écoutez pas, ma noble bienfaitrice, vous avez repris ce visage triste et chagrin que je vous vois depuis plusieurs jours, et qui me fait passer aux yeux de vos courtisans pour une tête aussi creuse que celle des échevins, vos tuteurs. Voulez-vous donc que, chargée de vous amuser, votre favorite Micaëla soit rabaissée au niveau du savoir de messieurs les guérisseurs qui ne comprennent rien à votre mal?

MARIE, tristement.

Ce n'est pas ta faute, chère enfant, tu ignores le souci du rang et de la grandeur. On ne veut pas te marier contre ton gré, toi. Tu n'es pas obligée de cacher tes moindres pensées, de feindre, selon l'occasion, l'indifférence ou la tendresse. Si tu distingues un homme entre tous ceux qui t'assiègent de leurs hommages, tu peux le choisir à ton gré, personne n'a le droit de te demander compte de ta préférence ; tu es libre enfin : moi, je suis esclave ; et pour me choisir un époux, il faut que je consulte ces tyrans qui me parlent un genou en terre et qui me commandent en se nommant mes sujets.

MICAELA, fixant Marie.

Vous aimez donc quelqu'un madame?

MARIE.

Pourquoi te le cacherais-je, ma bonne Micaëla, toi, ma seule amie, la confidente de mes pensées les plus secrètes; mais, avant de t'ouvrir entièrement mon ame, il faut que je te demande un conseil.

MICAELA.

Parlez, ma bonne maîtresse. Les meilleurs conseils viennent souvent des têtes les plus légères... c'est tout naturel ; ne les gardant pas pour elles, elles peuvent en disposer en faveur des autres.

MARIE.

Réponds-moi donc avec franchise. Si tu étais la fille de Charles-le-Téméraire, et que tu rencontrasses sans cesse sur tes pas un jeune gentilhomme dont les regards passionnés trahissent à ton aspect l'émotion la plus vive, que ferais-tu?

MICAELA.

Mais, je le regarderais... un peu...

MARIE, hésitant.

C'est ce que j'ai fait, Micaëla... et si sa figure était belle et distinguée, sa tournure noble et fière?..

MICAELA.

Alors, peut-être je le regarderais... beaucoup.

MARIE.

C'est encore ce que j'ai fait. Maintenant, écoute (Elle tire un papier de son sein.*) « Madame, il est bien audacieux à un simple gentilhomme d'avoir » osé lever les yeux sur la noble fille du duc de Bourgogne, mais ce gen- » tilhomme est Français, il a appris la contrainte que l'on exerce envers » vous, et il croit de son devoir de vous offrir l'appui de son bras, quelque » faible qu'il soit... Peut-être ne vous sera-t-il pas inutile pour vous sous- » traire au joug que l'on fait peser sur vous... Daignez, en sortant de l'é- » glise, tenir votre livre d'heures de la main gauche ; ce sera me com- » mander de mourir pour votre service ; et dût-il m'en coûter la vie, je » saurai pénétrer jusqu'à vous, malgré les grilles et les gardes de votre » palais.» Micaëla, si ce matin, en entrant dans la cathédrale, tu avais senti, parmi la foule, une main glisser ce billet dans la tienne?

MICAELA.

Comme vous, ma belle souveraine, je l'aurais pris et lu.

MARIE.

Et.. après?

MICAELA.

Et en sortant de l'église, j'aurais tenu mon livre d'heures de la main gauche.

MARIE, avec joie.

C'est aussi ce que j'ai fait, ma chère Micaëla.

MICAELA.

Vraiment?

ENSEMBLE.

Air de la Chanoinesse.

Toutes les deux,
Que c'est heureux,
Nous raisonnons de même,
Plaisir extrême,
Ah ! c'est charmant !
Quel accord ravissant !

MARIE.

Oui, chaque jour,
En fait d'amour,
Simples bourgeoises, grandes dames,
Toutes les femmes,
Sans nul effort,
Sur ce point là seront d'accord.

MICAELA.

Mais... à présent

MARIE.

Oh ! doucement !

* Micaëla remonte un peu la scène pour s'assurer si elles sont seules et revient se placer à droite.

Tu le sais bien, femme propose
Amour dispose,
Je sais cela ;
Qu'il commande, on obéira.

REPRISE ENSEMBLE.

Toutes les deux, etc.

MICAELA.

Mais cependant, vous avez des projets...

MARIE.

Le sais-je, moi-même? cet étranger, quel est-il? un gentilhomme français; mais son nom, ses titres?.. est-il digne de la confiance de la fille de Charles-le-Téméraire? voilà ce que mes tuteurs auront le droit de me demander, eux si fiers de leurs prérogatives, et qui voudraient m'imposer un époux de leur choix... Ah! Micaëla, combien de fois, déjà, n'ai-je pas envié ton sort!

MICAELA, avec un soupir.

Mon sort!.. oh! ma bienfaitrice, si vous connaissiez mieux la pauvre orpheline, que vous avez généreusement recueillie... mais il ne s'agit pas de moi, c'est de votre bonheur seul que je veux m'occuper.

(On entend le bruit d'une arme à feu. — A l'orchestre, musique; l'air de GILLETTE :
Allons, faisons silence !...)

MARIE.

Qu'est-ce que cela?

MICAELA, qui a remonté la scène.

Madame, madame, le poste du palais vient de prendre les armes...

MARIE.

Que se passe-t-il donc?

MICAELA.

Voici le sénéchal, il va sans doute nous l'apprendre.

SCÈNE VII.

MICAELA, LE SÉNÉCHAL, MARIE, Gardes.

MARIE, au sénéchal qui entre.

Qu'y a-t-il, Sénéchal?

LE SÉNÉCHAL.

Madame, c'est un malfaiteur qui cherchait à s'introduire dans le palais, en escaladant le mur des jardins.

MARIE.

Un malfaiteur, dites-vous? (A part.) Grand Dieu! si c'était...

LE SÉNÉCHAL.

Heureusement, il a été aperçu par l'homme d'armes qui est en faction auprès de l'orangerie, et c'est sur lui qu'a été tiré le coup d'arquebuse que votre altesse vient d'entendre.

MARIE, avec inquiétude.

Serait-il blessé?

LE SÉNÉCHAL.

Je ne le pense pas, car le scélérat a disparu, et on ignore s'il est parvenu à mettre son infâme projet à exécution.

MICAELA.

Mais quel est-il, son projet?

LE SÉNÉCHAL.

Je n'en sais rien...mais ça doit-être infâme, on n'escalade pas sans d'affreuses raisons. (Bas à Micaëla.) Il n'y a que votre cœur que je voudrais escalader, petit roc. (Haut.) Quoi qu'il en soit, mesdames, n'ayez aucune crainte, j'ai ordonné que l'on fît une perquisition générale dans l'enceinte du palais, et moi-même, à la tête de ces gardes, je vais patrouiller dans les jardins.

MARIE.

Rentrons, Micaëla. (A part.) Puisse-t-il leur échapper?

LE SÉNÉCHAL, aux gardes.

Et nous, continuons nos recherches.

La princesse, suivie de Micaëla, rentre dans le palais, tandis que le sénéchal sort par le fond à droite; le jour commence à baisser; à peine le sénéchal et ses gardes ont-ils disparu, que Stephen entre précipitamment par le deuxième plan à gauche.

SCÈNE VIII.

STÉPHEN, seul.

Ils s'éloignent... Enfin, me voici dans le palais ducal, près de la belle Marie!.. ma foi! ça n'a pas été sans peine ni danger... escalader un mur, essuyer le feu d'une arquebuse!.. qu'importe... Marie n'est-elle pas française? n'est-elle pas opprimée, esclave dans ce château? et d'ailleurs, Marie ne mérite-t-elle pas qu'on affronte pour elle quelque péril?.. n'a-t-elle pas agréé l'offre de mon secours?.. dût-il m'en coûter la vie, je jure Dieu qu'il ne lui manquera pas... Etrange destinée que la mienne... sur le point de lier mon sort à celui d'une femme charmante, un duel, dans lequel je tue mon adversaire, me force de quitter précipitamment la France, et de venir chercher un asile en Flandre ; mais en voulant fuir un danger, je tombe dans un autre... Marie-de-Bourgogne s'offre à mes regards... sa beauté, ses graces, et plus encore la tyrannie que l'on fait peser sur elle, m'enflamment d'une ardeur nouvelle ; dès ce moment, elle devient l'unique objet de ma pensée... et j'oublie celle qui avait reçu mes premiers sermens... celle enfin à qui j'allais donner mon nom... Ah! ne pensons pas à cela... tâchons de pénétrer jusqu'à la princesse... (Il regarde à gauche.) Comment?.. des hommes d'armes... ils viennent de ce côté... (Il fait quelques pas vers la droite.) et par ici... encore une patrouille... que faire? je suis cerné... Ah! c'est cet imbécile de sénéchal qui les commande... payons d'audace...

(Il se cache dans le bosquet. Même musique qu'à la première entrée de la patrouille.)

SCÈNE IX.

STÉPHEN, LE SÉNÉCHAL, à la tête de quelques hommes d'armes.

(Une patrouille entre par la gauche, le sénéchal arrive par la droite, en avant du péristyle.)

LE SÉNÉCHAL, au chef de la patrouille.

Hé bien?

LE CHEF DE LA PATROUILLE.

Nous avons parcouru les jardins, visité le palais, et nous n'avons rien trouvé, messire.

LE SÉNÉCHAL.

Ni moi non plus... où diable a-t-il pu se cacher?

STÉPHEN, à part.

Abordons-le le premier, pour éviter tout soupçon. (Il s'approche du sénéchal avec beaucoup d'assurance.) Salut, messire.

LE SÉNÉCHAL, un peu effrayé.

Un étranger?..

(Il descend la scène tandis que Stéphen la remonte, et le suivant, fait ainsi tourner le sénéchal qui se trouve alors à la place de Stéphen.)

STÉPHEN.

N'est-ce pas à messire Vanderlinden que j'ai l'honneur de m'adresser?

LE SÉNÉCHAL.

A lui-même... mais d'abord, étranger, je trouve étrange de vous trouver ici... Comment êtes-vous entré dans le palais?

STÉPHEN.

Mais par la porte, messire; j'ai dit que je voulais vous parler, et les hommes d'armes m'ont laissé passer.

LE SÉNÉCHAL.

Ils ont eu tort : car le premier venu n'aurait qu'à dire qu'il veut me parler, il s'introduirait donc ainsi dans le palais... et rien ne me dit que vous n'êtes pas un premier venu... en attendant que je m'en assure, que me voulez-vous? que réclamez-vous? que désirez-vous?

STÉPHEN.

D'abord, vous embrasser, cher sénéchal.   (Il veut l'embrasser.)

LE SÉNÉCHAL, le repoussant.

Un moment, un moment, mon gaillard : on n'embrasse pas un sénéchal... comme on embrasse une fille d'auberge... je veux savoir, d'abord, si vous êtes digne de ma joue... déclinez-moi qui vous êtes... déclinez, mon cher...

STÉPHEN.

Je suis votre cousin, votre parent...

LE SÉNÉCHAL.

Mon parent ? je n'en ai plus, je ne dois plus en avoir...

STÉPHEN.

Nous sommes liés par la branche femelle, nous nous tenons par les femmes... je suis cousin de la vôtre...

LE SÉNÉCHAL.

Ah ! ah ! et de laquelle ?.. de la première, de la seconde, de la troisième ?

STÉPHEN , à part.

Diable, il y a du choix. (Haut.) De la troisième, cher sénéchal, de la troisième... et je viens savoir comment elle se porte, cette chère troisième ?

LE SÉNÉCHAL.

Elle est morte depuis un an... je porte encore son deuil... dans mon cœur... (A part.) Ce garçon-là m'a tout l'air d'un fripon ; j'ai vu cette figure-là quelque part.

(Il remonte la scène, dit un mot au chef de patrouille, et redescend à droite.)

STÉPHEN , à part.

Il est intéressé... je le tiens. (Haut.) Morte, dites-vous ?.. je ne pourrai donc pas, alors, accomplir la mission pour laquelle j'étais venu dans cette ville...

LE SÉNÉCHAL.

Vous avez une mission ?

STÉPHEN.

Hélas, oui !.. je lui apportais la succession de notre oncle...

LE SÉNÉCHAL.

Hein ?.. qu'est-ce que vous dites ?.. il y a une succession ? serait-ce par hasard l'oncle Vanterloop, de Bruxelles, que nous aurions perdu ?

STÉPHEN.

Lui-même, messire... c'est l'oncle Van... que vous venez de dire.

LE SÉNÉCHAL.

Ah ! quel coup vous me portez !.. ce cher oncle est mort... ah !... Il était riche, n'est-ce pas ?

STÉPHEN.

Mais oui, assez riche.

LE SÉNÉCHAL.

Quelle perte !.. mais attendez donc.... plus je t'examine, et plus je vous reconnais à présent... c'est bien toi !.. Oh ! je vous remets parfaitement... tu te nommes... Christian...

STÉPHEN.

Oui, oui, je me nomme Christian.

LE SÉNÉCHAL.

Ma pauvre défunte me parlait si souvent de toi !.. ce cher cousin ! mais venez donc que je t'embrasse.   (Il lui tend les bras.)

STÉPHEN.

De tout mon cœur.   (Ils s'embrassent.)

LE SÉNÉCHAL, aux gardes, en remontant la scène, et descendant ensuite à gauche.

Retirez-vous, vous autres : je réponds de ce jeune homme, corps pour corps... il a une mission.   (Les soldats sortent par la droite.)

STÉPHEN , à part

Le danger est passé.

LE SÉNÉCHAL.

Mais donne-moi donc quelques détails : de quelle maladie est-il mort, cet honnête Vanterloop ?

STÉPHEN.

Oh ! on ne sait pas trop... il avait fini son temps...

LE SÉNÉCHAL.

Comment fini son temps ?.. il avait tout au plus quarante ans.

STÉPHEN, à part.

Ahie ! ahie !.. Haut. Lui, quarante ans !.. laissez donc... il disait cela parce qu'il était bien conservé, mais il était très vieux... c'est un homme qui nous avait toujours caché son âge.

LE SÉNÉCHAL.

Et avait-il caché beaucoup d'argent ? combien laisse-t-il à ses malheureux héritiers, pour les consoler de sa perte ?

STÉPHEN.

Trente mille florins, environ.

LE SÉNÉCHAL.

Trente mille florins !.. c'était un digne homme !.. et dire que nous l'avons perdu ! ah !.. Tu m'apportes ma part dans cette pénible succession ?

STÉPHEN.

Je l'apportais à votre femme.

LE SÉNÉCHAL.

Puisqu'elle est morte, j'hérite de son héritage... je suis même deux fois à plaindre... et sommes-nous beaucoup pour le partage ?

STÉPHEN.

Une cinquantaine d'héritiers...

LE SÉNÉCHAL.

Cinquante héritiers ! mais c'est épouvantable !

STÉPHEN, à part.

Diable ! j'ai trop mis d'héritiers !

LE SÉNÉCHAL.

Tu n'avais pas besoin de te déranger pour venir m'annoncer cette nouvelle... cinquante héritiers !.. mon garçon, j'ai beaucoup d'affaires, je vais t'ouvrir cette grille, et tu reprendras sur-le-champ la route de Bruxelles, donne-moi vite ce qui me revient, et bonjour... Cinquante héritiers !..

STÉPHEN, à part.

Diable !.. ça ne fait pas mon compte... (Haut et l'arrètant.) Permettez, cher cousin, permettez... il y a cinquante héritiers, il est vrai, mais il n'y a que vous et moi qui hériterons...

LE SÉNÉCHAL.

Comment cela ?

STÉPHEN.

J'étais auprès de mon oncle à ses derniers momens, et il me dit en me remettant une cassette : « Mon ami, cet or est pour toi et pour ta cousine Vanderlinden, vous partagerez ensemble, sans rien donner à vos autres parens.

LE SÉNÉCHAL.

Excellent oncle !.. j'accomplirai religieusement ta volonté dernière, je le jure au nom de ma troisième !.. (A Stéphen.) Et cette cassette, l'as-tu apportée avec toi ?

STÉPHEN.

Elle èst à mon auberge...

LE SÉNÉCHAL.

Eh bien ! mon ami, allons vite accomplir le vœu d'un mourant ; viens, nous partagerons, et tout sera dit.

STÉPHEN, embarrassé.

Je le veux bien... et pourtant, je crains une chose... nos parens ont des doutes... si l'on nous voit ensemble... ce sera confirmer leurs soupçons et donner lieu à quelque procès... on nous forcerait peut-être de partager avec eux.

LE SÉNÉCHAL.

Diable... diable... je n'entends pas cela !.. que faire ? (A part.) S'il s'en va seul, le bruit de son arrivée va se répandre, nos parens iront le voir... on le fera jaser... et puis, je veux être là, à l'ouverture de la cassette. (Haut.) Décidément, mon ami, il serait imprudent de sortir... tu vas rester avec moi, tu passeras la nuit dans le palais, et demain, au point du jour, nous nous rendrons à ton hôtel, et tu t'en retourneras plus vite que tu n'es venu.

(Il remonte encore pour s'assurer qu'il n'y a personne et descend à droite.)

STÉPHEN, à part.

Enfin !

LE SÉNÉCHAL.

D'ici là, je te cacherai dans mon appartement... Silence ! j'entends des pas... jette-toi derrière cette charmille.

(Stéphen se cache, à gauche dans le bosquet.)

SCÈNE X.

STÉPHEN caché, LE SÉNÉCHAL, VANBISHOP, LE DUC, VALETS DU DUC.

LE DUC.

Sénéchal, est-il vrai qu'un homme ait osé s'introduire dans les jardins du palais ?.. s'est-on emparé de sa personne ?

LE SÉNÉCHAL.

Jusqu'à ce moment, monseigneur, il n'a pas été possible de l'appréhender au corps.

LE DUC.

Faites en sorte qu'il n'échappe pas. (Aux valets.) Qu'on **remue le palais**, qu'on fouille tous les buissons, qu'on parcourt les parcs... tout enfin. (Les valets sortent de différens côtés.) C'est le prélude des obstacles qu'on **veut** apporter à mon avénement... Messire Vanbishop, il faut être sévère... nous sommes entourés de piéges.

VANBISHOP.

Pendant que nous agirons au-dehors, voici une petite ordonnance qui ôtera l'envie de porter le trouble au dedans du palais... du moins j'aime à le croire... Sénéchal, vous voudrez bien la remettre au gouverneur du château, afin qu'il la fasse publier dans tous les quartiers de la ville... mais lisez-la d'abord, car elle vous concerne aussi.

LE SÉNÉCHAL.

Moi, messire Vanbishop... (Il lit.) « Les échevins de la bonne ville de
» Gand, ayant découvert qu'une conspiration a été ourdie dans l'inten-
» tion criminelle d'enlever Mlle Marie-de-Bourgogne, afin de la soustraire
» à l'autorité de ses tuteurs, nommés par son noble père; sachant de plus
» qu'un des conjurés s'est introduit par escalade dans le palais ducal,
» ont ordonné ce qui suit : Tout étranger qui sera trouvé dans l'enceinte
» du palais, sera condamné à la peine de mort...

STÉPHEN, caché.

Elle est gracieuse l'ordonnance !

LE SÉNÉCHAL, continuant.

» Et quiconque aura prêté la main au coupable, l'aura aidé de son pou-
» voir, ou lui aura donné asile, sera puni de la même peine. »

STÉPHEN, derrière la charmille.

Ah ! le sénéchal se taira.

VANBISHOP.

Qu'avez-vous donc, messire ?

LE SÉNÉCHAL, embarrassé.

Je dis... de la même peine... (A part.) Cette lettre m'a donné une migraine affreuse.

VANBISHOP, au duc.

Et nous, monseigneur, rendons-nous auprès de notre souveraine afin de nous assurer si elle n'est pour rien dans tout ceci.

LE DUC.

Je vous garantis le contraire, maître Vanbishop, la princesse a bien autre chose en tête... elle rêve sans doute à notre entrevue de ce matin.

VANBISHOP.

J'aime à le croire, monsieur le duc, mais il est bon de prendre ces précautions... on m'a parlé d'un Français qui se trouve sans cesse sur les pas de Mlle Marie-de-Bourgogne... un grand brun, à moustaches...

LE SÉNÉCHAL.

Un grand brun à moustaches... comme ça ressemble à mon cousin... si j'avais été trompé ?

VANBISHOP.

Il y a de la politique dans tout cela... et je ne serai tranquille qu'après votre hymen. Il nous faut, pour le bonheur des Flamands, un prince qui boive de la bière...

LE DUC.

J'en boirai, mon cher Vanbishop, j'en boirai !.. et tenez... voyez-vous la princesse se diriger de ce côté ? Elle m'a vu, c'est bien naturel !

STÉPHEN, à part.

C'est-elle !.. c'est Marie !..

LE SÉNÉCHAL, à part.

Que faire ?.. j'ai bien envie de le dénoncer... Pour sûr, il m'a trompé !

SCÈNE XI.

LES MÊMES, MARIE, suivie de quelques pages qui portent des flambeaux.

MARIE, à part.

Je meurs d'inquiétude. (Haut.) Eh bien ! messieurs, la tranquillité règneelle enfin dans le palais... qu'y a-t-il de nouveau?.. a-t-on découvert ce malfaiteur?

LE SÉNÉCHAL.

Non, princesse, pas encore. (A part.) Décidément, que ce gaillard-là soit ou non mon cousin, je vais le dénoncer. *

LE DUC.

Soyez sans crainte, noble dame ; avant peu, nous serons maîtres du téméraire... et une bonne ordonnance de messieurs les échevins empêchera d'imiter de pareilles tentatives.

STÉPHEN, se montrant à la princesse, bas, vivement.

Ils ne m'ôteront pas le bonheur d'être parvenu jusqu'à vous, et de vous dire que je suis prêt à mourir pour Marie-de-Bourgogne.

MARIE, surprise.

C'est lui!.. quelle imprudence !..

LE SÉNÉCHAL, à part.

Qu'ai-je vu?.. la princesse le connait... décidément, ce n'est pas mon cousin.

MARIE, haut.

Le frais du soir se fait sentir... messires ; rentrons au château.

CHOEUR GÉNÉRAL.

AIR : Quadrille espagnol.

Rentrons, et dans ces lieux ,
Qu'à des plaisirs joyeux ,
La fin de la soirée,
Soit toute consacrée ;
L'effroi , de ce séjour ,
Est banni, sans retour ;
Ne pensons qu'au bonheur , à l'amour !

MARIE, à Stéphen.

Ah! par pitié , de ces lieux partez vite !

STÉPHEN, bas à Marie.

Je brave tout, j'ai l'amour pour soutien !

LE DUC.

Heureux mortel, ma présence l'agite !

LE SÉNÉCHAL.

Foi d' sénéchal ! je n'y comprends plus rien.

REPRISE DU CHOEUR.

Rentrons et dans ces lieux , etc.

(Marie jette un dernier regard vers Stéphen et rentre dans le palais, suivie du duc et de sa suite.)

FIN DU PREMIER ACTE.

ACTE II.

Le théâtre représente l'appartement de Micaëla. Un petit salon gothique ; une portière à droite et une autre à gauche au deuxième plan. Au premier plan et à droite, une fenêtre ; en face à gauche, un portrait de sainte Thérèse, couvert d'un rideau ; au fond une portière semblable aux deux autres latérales.

SCENE I.

MICAELA , seule.

(Elle sort de la chambre de gauche.)

Personne dans le palais n'est encore levé... La princesse m'a dit hier qu'elle se rendrait ici de bonne heure ; sans doute pour me parler de ce gentilhomme français qu'elle aime déjà, sans s'en douter... oh! oui ; elle l'aime... je l'ai devinée... car j'aime aussi, moi... Pauvre Marie !.. puisse

* Stéphen, Marie , le sénéchal, le duc, Vaubishop.

son amour être plus heureux que le mien... puisse son amour ne pas se changer en regrets et en larmes !.. O Stéphen ! Stéphen !.. si tu savais combien je souffre... oh ! j'en suis sûre, tu reviendrais à moi... Pendant que je suis seule encore... donnons un souvenir à l'ingrat... ce sera un moment de bonheur, et ces momens-là sont si rares pour moi. (Elle va vers le portrait de sainte Thérèse, qu'elle découvre en tirant le rideau.) Son image est là, derrière celle de ma sainte patrone... Ce vilain sénéchal a découvert mon secret... que d'autres, du moins, ne viennent pas me surprendre.

(Elle va voir au fond en soulevant la tapisserie, et revient s'agenouiller devant sainte Thérèse.)

AIR : Je puis la recevoir encore. (DU CURÉ DE CHAMPALBERT.)

Sainte Thérèse, ô ma patronne,
Ah ! daignez calmer mon tourment,
Tout mon cœur à vous s'abandonne,
Ayez pitié de votre enfant !
Quand je vous implore, en échange
De ma ferveur et de ma foi,
Sainte Thérèse, ô mon bon ange,
Rendez-le moi, rendez-le moi ! (bis.)

Quelqu'un !

SCÈNE II.
MICAELA, LE SÉNÉCHAL.

MICAELA, allant au fond soulever la portière.

C'est le sénéchal... que vient-il faire ici ?

LE SÉNÉCHAL, à part en entrant.

Impossible de le retrouver... j'ai passé la nuit à visiter le palais, à fouiller mes appartemens, à fureter dans toutes mes armoires... personne... Bien certainement, ce n'est pas mon cousin... il ne connaîtrait pas la princesse... et elle a fort bien dit : « C'est lui !.. » c'est lui !.. ça peut renfermer bien des choses... Dois-je parler ? dois-je me taire ? Cette maudite ordonnance m'épouvante... Micaëla est peut-être fourrée là-dedans... il faut que je sache par elle... Oh ! la voilà.

MICAELA.

Vous ici, messire ? à cette heure... qui vous y amène ?

LE SÉNÉCHAL.

Pardon, ma toute belle, c'est quelque chose que j'ai perdu, et que je cherche... un rien, une bagatelle... (A part.) Un homme de cinq pieds six pouces...

MICAELA.

Sénéchal, vous voulez faire excuser votre indiscrétion, mais je ne vous crois pas, et je crains fort que vous ne veniez pour me reparler encore de votre amour...

LE SÉNÉCHAL.

Je vous avouerai, ma charmante, que ce n'est pas seulement le petit Dieu aux flèches de feu qui m'a poussé de ce côté... et qu'il y a dans ma démarche autant de peur que d'amour.

MICAELA.

Que voulez-vous dire ?

LE SÉNÉCHAL, avec mystère.

Ma chère Micaëla, il faut absolument que je parle à la princesse... il y va de mon repos, de mon honneur, de ma charge, de ma... enfin il y va de beaucoup de choses.

MICAELA.

Oh ! mon Dieu ! de quoi s'agit-il donc ?

LE SÉNÉCHAL, la regardant fixement.

Vous ne vous en doutez pas ?

MICAELA.

Non, vraiment.

LE SÉNÉCHAL.

Bien vrai ? vous n'avez pas trempé dans aucun petit complot ?

MICAELA, riant.

Un complot ?

LE SÉNÉCHAL., à part.

Son air candide me rassure... elle n'a pas trempé...

MICAELA.

Mais expliquez-vous donc mieux.

LE SÉNÉCHAL.

Non, non, ma belle... c'est à la princesse seule que je dois un aveu. Marie est bonne, trop bonne, peut-être... je suis prudent, nous nous entendrons, je l'espère... et dès que j'aurai retrouvé ma tranquillité, c'est à vous, méchante, que je m'adresserai pour guérir une autre blessure.

MICAELA.

Et que faudra-t-il faire pour cela?

LE SÉNÉCHAL.

La moindre chose... m'aimer.

MICAELA, souriant.

Sénéchal, votre blessure est incurable.

LE SÉNÉCHAL.

L'espiègle! comme elle se plaît à me faire languir!.. oh! ces femmes, montrez-leur trop d'amour, et elles ressemblent à ces marchands qui vous surfont sans pitié, dès qu'ils sont sûrs qu'on a envie de leur étoffe.

MICAELA.

La comparaison...

LE SÉNÉCHAL.

Est vraie... car quelquefois aussi le marchand rabat de ses exigences, et vous en rabattrez... vous m'aimerez, n'est-ce pas, chère petite? vous finirez par où j'ai commencé.

MICAELA.

Je finirai comme j'ai commencé.

LE SÉNÉCHAL.

Eh bien! épousez-moi tout de même, ça m'est égal, je suis sûr que ça viendra... je serai si tendre, si complaisant! je resterai sans cesse auprès de vous... je vous envelopperai d'attentions délicates, vous ne sortirez pas de votre appartement; je vous enfermerai même, s'il le faut, afin que, séquestrée entièrement du monde, vous ne voyiez jamais que moi, votre excellent mari; de cette manière, vous vous habituerez à mon air, à ma figure, et comme l'habitude est une seconde nature, vous serez parfaitement heureuse... hein? qu'en dites-vous?

MICAELA.

Tout cela, messire, est trop séduisant!.. je ne résisterais pas à tant de bonheur... et je refuse...

LE SÉNÉCHAL, piqué.

Vous préférez donc rester fille, et contempler à tout jamais, ce portrait devant lequel je vous ai surprise... ça n'est pas gai.

MICAELA.

Celui-là du moins est plus discret que vous. (A part.) Et moins laid surtout. Je reviendrai plus tard près de l'image de mon Stéphen. (Elle sort.)

SCÈNE III.

LE SÉNÉCHAL, croyant toujours Micaëla présente.

D'ailleurs, autant que j'ai pu voir, il n'a rien d'extraordinaire, ce portrait... et puis un sénéchal en chair et en os vaut bien, ce me semble un morceau de toile barbouillé... Charmante Micaëla... (Il se retourne et ne l'apercevant pas, il dit:) Eh bien! où est-elle donc?.. oh! c'est trop fort... Micaëla! Micaëla! oh! je t'attraperai, petit démon...

(Il sort en courant et en appelant : MICAELA ! MICAELA !)

SCÈNE IV.

MARIE, STÉPHEN.

MARIE, entrant par la droite.

Enfin, je suis libre... ici, seulement, je puis me soustraire à la foule de ces importuns qui tout à la fois m'obsèdent et me surveillent... mon Dieu! quand donc finira cette pénible contrainte... je ne vois pas Micaëla. (Stéphen entre par la fenêtre : Marie l'aperçoit.) Ciel!

STÉPHEN.

Bannissez toute crainte, madame, c'est le plus respectueux, le plus dévoué de vos sujets...

MARIE.

Vous ici, chevalier.

STÉPHEN.

Oui, madame, c'est moi qui hier ai franchi les murs du palais ducal, et qui viens d'escalader cette fenêtre, pour avoir le bonheur de vous approcher, de vous parler un instant.

MARIE.

Mais ignorez-vous donc les périls qui vous menacent en ces lieux?

STÉPHEN.

Non, madame, je les connais, et je suis heureux de les braver pour le service de votre altesse : je sais que les échevins de la ville de Gand, sous le prétexte de remplir leur mandat de tuteurs, vous tiennent prisonnière dans votre propre palais, et prétendent vous imposer un époux de leur choix, malgré les intentions du duc de Bourgogne; ils veulent se venger d'avoir fléchi le genou devant votre auguste père, en vous forçant à courber la tête devant eux... votre âge, la faiblesse d'une femme, voilà ce qui les enhardit... mais qu'ils sachent bien, qu'à la voix de Marie-de-Bourgogne, se lèveront des hommes prêts à tout entreprendre, pour la délivrer d'un despotisme qui doit révolter sa fierté de souveraine... et je viens me présenter à elle comme le plus dévoué de ses défenseurs.

MARIE.

Mais j'ignore qui vous êtes, et mon premier désir est de savoir le nom de celui qui m'offre si généreusement son appui.

STÉPHEN, s'inclinant.

Je me nomme Stéphen, comte de Montfort.

MARIE.

C'est un beau nom, chevalier, que je connaissais avant de vous avoir vu... et je m'estime heureuse que le ciel m'ait envoyé un protecteur tel que vous.

STÉPHEN.

Qu'il serait glorieux pour moi de mériter ce titre, et avec quelle joie je ferais le sacrifice de mes jours, si mon trépas me valait un seul regret de vous.

MARIE.

Que parlez-vous, de mourir, comte? vivez... Ah! vivez pour accomplir votre noble mission.

STÉPHEN.

Vivre pour vous, madame!... Ah! ce serait le comble de la félicité... ordonnez, disposez de moi, et la plus entière soumission, le dévoûment le plus absolu...

MARIE.

Et l'intérêt de la pauvre Marie est le seul motif qui dirige votre conduite?..

STÉPHEN.

M'est-il permis d'en avouer un autre, à moi, simple chevalier, qui pour toute fortune, n'ai que la gloire de mes ancêtres, et d'autre titre à votre estime, que l'offre de mon faible bras... et si me présentant devant une noble princesse, j'osais lui dire : « L'amour le plus tendre et le plus pur a rempli mon âme, enflammé mon courage, et fait naître en moi le désir de vous protéger, de vous défendre... cet amour n'espère et ne demande rien, mais cet amour qui peut de grandes choses a besoin de s'échapper de ma poitrine et de paraître au grand jour. » Si je lui parlais ainsi, ne m'accuserait-elle pas de folie, d'extravagance... « Comte de Montfort, me dirait-elle, vous oubliez qui je suis et qui vous êtes... » N'est-ce pas, madame, qu'elle me jetterait cette réponse, et qu'un tel aveu serait un crime dans ma bouche?

MARIE.

Un crime? non... car la franchise fut toujours le caractère d'une belle âme, et la vôtre ne saurait être coupable.

STÉPHEN.

Hé quoi! vous daigneriez pardonner à tant d'audace?

MARIE.

Stéphen, comte de Montfort, je vous accepte pour mon chevalier ; je suis
votre dame, et vous me devez foi et amour.

STÉPHEN.

Ah ! je le jure par le ciel ! je me rendrai digne de ce beau titre.

(Il met un genou en terre, et baise la main que Marie lui abandonne.)

MARIE.

AIR : Prêt à partir pour la rive africaine.

Je dois payer ce dévoûment extrême :
A votre honneur, oui, je veux me fier ;
Que mes couleurs deviennent votre emblème !
Relevez-vous, Stéphen, mon chevalier.

(Elle détache un nœud qu'elle lui donne.)

STÉPHEN.

Dès ce moment, cette épée invincible,
Est toute à vous, et peut tout défier !
Qu'ordonnez-vous ? oh ! rien n'est impossible,
Quand de Marie on est le chevalier.

MARIE.

Soyez fidèle à votre serment... Témoin de vos efforts généreux, le ciel
aplanira peut-être bien des obstacles, et ma reconnaissance... mais on
vient... (Soulevant vivement la portière du fond.) C'est le sénéchal.

STÉPHEN.

Il n'y a pas de danger... je n'ai rien a redouter de lui, grace à certaine
parenté de mon invention.

MARIE.

N'importe, je ne veux pas qu'il vous trouve ici... où vous cacher !

STÉPHEN.

Là... dans cette galerie.

(Il se cache derrière la portière de droite, tandis que Marie va s'asseoir à droite.)

SCÈNE V.

LE SÉNÉCHAL, MARIE, assise.

LE SÉNÉCHAL, entrant par le fond.

Pardon, princesse, de vous relancer jusqu'ici... mais j'ai le cœur gros
d'inquiétude... j'ai un poids qui m'étouffe !... et vous seule pouvez me rendre le repos. (A part.) En m'y prenant ainsi, je me sauve.

MARIE.

Qu'est-il donc arrivé, sénéchal ?

LE SÉNÉCHAL.

Un malheur, princesse, dont je suis la source.

MARIE.

Un malheur ?

LE SÉNÉCHAL.

Quand je dis un malheur... je ne sais pas si c'en est un.. car enfin... il
se pourrait !... et cependant je n'ose supposer... (A part.) C'est très embar-
rassant à lui dire.

MARIE.

Mais expliquez-vous donc ?

LE SÉNÉCHAL.

Grande souveraine, voici la vérité dans toute sa nudité... je vous le jure
sur ma foi de sénéchal... je vous le jure sur mon crâne... sur la cendre de
mes trois défuntes.

MARIE.

Mais parlez donc.

LE SÉNÉCHAL.

Je parle, princesse, je parle. Hier au soir, je venais de faire une battue
générale dans les jardins... quand tout à coup, un homme se présente à
moi... cet homme se dit mon parent, mon cousin... Il vient, ajoute-t-il,
m'annoncer le trépas de je ne sais quel oncle, et m'apporter une part de
la succession du défunt. A ce mot de succession, moi, je l'accueille avec
bonté, je lui offre un logement dans le palais... mais, le croirez-vous,
cet homme que je choyais si bien... c'était...

MARIE.

C'était ?...

LE SÉNÉCHAL, embarrassé.

Je ne sais pas ce que c'était, car il m'a glissé dans la main, et je n'ai
pu le retrouver. J'avais d'abord cru que c'était un conspirateur.

MARIE.

Un conspirateur ?

LE SÉNÉCHAL.

Oh! mais non, non, je me trompais... car il avait trop bonne façon... et
pourtant un homme qui escalade... (Examinant la princesse.) Un homme qui
escalade...

MARIE, à part.

Que lui dire ?

LE SÉNÉCHAL, continuant.

Doit avoir un motif... un gros motif même... Qu'en pense votre altesse ?

MARIE.

Je pense, sénéchal, qu'avant de porter un jugement, on doit bien ré-
fléchir, et craindre de commettre une faute en agissant légèrement.

LE SÉNÉCHAL.

Sans doute, princesse, sans doute... mais l'ordonnance des échevins est
précise... et si l'on découvre cet inconnu, je suis perdu, moi !

UN PAGE DU PALAIS, annonçant.

Monseigneur l'archiduc Maximilien, d'Autriche; messire Vanbishop.

MARIE.

Faites entrer.

LE SÉNÉCHAL, examinant la reine.

Par pitié, princesse, dois-je parler ? dois-je me taire ?... ne serait-il pas
de mon devoir de tout leur dire.

MARIE, avec dignité.

Sénéchal, vous ne direz rien... je vous le défends.

LE SÉNÉCHAL.

Comment ?... votre altesse...

MARIE, impérativement.

Vous vous tairez... et pour prix de votre silence, je vous nomme mon
grand-veneur, et je double votre traitement.

LE SÉNÉCHAL.

Grand-veneur !... (A part.) Définitivement, ce grand drôle est un ami in-
time de la princesse.

SCÈNE VI.

LE SÉNÉCHAL, VANBISHOP, LE DUC, MARIE.

LE DUC, après s'être incliné devant la princesse, qui est toujours assise.

Laissez-nous, sénéchal.

LE SÉNÉCHAL.

Oui, monseigneur. (A part.) Grand-veneur !... je serai muet... un titre de
plus, et je consens à être sourd.   (Il salue et sort.) *

MARIE, avec impatience.

Que venez-vous m'apprendre, messieurs... est-il question d'une nouvelle ordonnance de mes gracieux tuteurs ?

VANBISHOP.

Non, princesse: il s'agit d'une mission plus agréable... du moins, j'aime
à le croire !.. Nous venons, au nom de mes honorables collègues, rappeler
à votre altesse la promesse qu'elle a faite de choisir aujourd'hui même un
époux, parmi les prétendans à sa main. L'Autriche et l'Angleterre atten-
dent et espèrent: mais nous avons aussi la Flandre et le Hainaut. Je ne
parle pas de la France, mauvais pays où l'on ne boit que du vin.

MARIE.

Je n'ai point oublié, messire Vanbishop, que vous êtes brasseur.

VANBISHOP.

J'aime à le croire, princesse, et c'est à ce titre, que j'ose vous recom-
mander notre bon royaume, si passionné pour le houblon... et je vous

<hr>

* Vanbishop, le duc, Marie.

avouerai que notre désir et notre intention à tous, c'est que notre roi boive de la bière.

LE DUC.

C'est parler en bon patriote, en vrai Flamand.

MARIE, se levant, et passant au milieu d'eux.

Messieurs... J'ai dit qu'aujourd'hui je me déciderais sur le choix d'un époux, il est vrai... mais aujourd'hui doit durer toute la journée... veuillez donc attendre jusqu'à ce soir pour connaître ma réponse définitive.

LE DUC, à part.

Manége de femme... elle veut me rendre encore plus amoureux, en me faisant languir.

VANBISHOP.

Mes honorables collègues sont réunis en ce moment dans la salle des États... je supplie votre altesse de venir elle-même leur faire savoir qu'elle désire un délai de quelques heures.

MARIE.

Ne pourriez-vous, vous-même...

VANBISHOP.

Pardon, mais l'étiquette...

MARIE, à part.

Refuser... ce serait éveiller leurs soupçons... rendons-nous auprès d'eux, et revenons ensuite délivrer notre prisonnier. (Haut.) Votre main, monsieur le duc.

LE DUC.

Les voici toutes les deux, princesse, choisissez. (Il lui présente la main et dit à part.) Elle est émue, tremblante... ce soir, je serai roi des Flamands.

LE DUC et VANBISHOP.

AIR : A rire qu'on s'apprête.

ENSEMBLE.

Aux lois de l'étiquette
Il faut qu'on se soumette ;
Conservons notre espoir.
Il faut attendre encore,
Mais celui qu'elle adore
Sera connu ce soir.

MARIE.

Aux lois de l'étiquette
Il faut qu'on se soumette ;
Pour moi, quel désespoir.
Il faut attendre encore ;
Mais ce duc que j'abhorre,
Connaîtra tout ce soir.

(Marie accepte la main du duc et ils sortent tous les trois par le fond.)

SCÈNE VII.

STÉPHEN, seul. Il sort de derrière la portière.

Les importuns ! arriver au moment où j'espérais le plus tendre aveu... « Le ciel, m'a-t-elle dit, aplanira bien des obstacles ! ah ! ces paroles qui résonnent encore à mon oreille... je n'ose les comprendre !..puis-je jamais espérer d'être l'époux de Marie ?.. moi souverain !.. moi roi !.. insensé que je suis !.. La fille de Charles-le-Téméraire peut-elle descendre jusque là ?.. (Une pause.) Et cependant, tout-à-l'heure, elle semblait provoquer l'aveu que ma bouche a laissé échapper... Encore quelqu'un, allons, il est dit que je dois toujours être invisible.

Il retourne derrière la portière de droite.)

SCÈNE VIII.

MICAELA, entrant par le fond, STÉPHEN, caché.

MICAELA.

Enfin, j'ai échappé à cet ennuyeux sénéchal ! Tout le monde est réuni dans la salle des États, et je puis sans crainte d'être dérangée... hâtons-nous... (Elle se dirige vers le tableau de sainte Thérèse, qu'elle touche et qui, en glissant sur lui-même, laisse voir le portrait de Stéphen. Chère image, devant toi du moins, je puis laisser parler mon cœur, et couler mes larmes.

STÉPHEN, à part et se montrant a demi.

Qu'entends-je? ce son de voix...

MICAELA, au portrait.

Oui, le voilà bien... mon Stéphen! mon beau comte de Montfort!

STÉPHEN, à part.

On a prononcé mon nom!

MICAELA, de même.

Voyons, monsieur, regardez-moi, souriez... oh! mieux que cela... souriez à votre Micaëla.

STÉPHEN, à part et se montrant tout-à-fait.

Micaëla?.. dans ce palais?.. et ce portrait...

MICAELA, toujours au portrait.

Oui, c'est bien lui! oh! ma mémoire ne m'a pas trahie, le jour, où trouvant une consolation dans mes faibles talents, je saisis avec joie mes pinceaux!.. ce fut alors que vint se retracer à mon esprit le passé si doux et si cruel à la fois... je me vois encore joyeuse et fêtée dans le château de mon oncle...

STÉPHEN, à part

Je n'en reviens pas... c'est bien elle!..

MICAELA.

Je l'entends encore, mon Stéphen... je me crois au jour de notre hymen. on va poser sur ma tête la couronne nuptiale... mais tu ne viens pas, et je t'attends en vain : une lettre arrive... lettre fatale dont chaque mot jette le désespoir dans mon ame...« Micaëla, me disait cette lettre, notre » union est impossible, en ce moment : au nom du ciel, ne m'accuse pas, » la fatalité seule m'éloigne de toi. » J'étais trahie, abandonnée!.. oh! alors, la pauvre orpheline perdit la raison... elle erra dans la campagne, combien de jours, je l'ignore... car ce ne fut que bien long-temps après que je pus comprendre que la fille du duc de Bourgogne m'avait accueillie dans son palais.

STÉPHEN, à part.

Pauvre enfant!

MICAELA.

Air de l'Anglais à Paris

J'ai pleuré long-temps,
Chagrins et tourmens,
J'ai supporté chaque peine ;
Tout mon cœur saigna,
Et malgré cela,
Pour vous, je n'ai point de haine.
Plein d'amour, et plein de feux,
Vous vous disiez amoureux,
Ah! monsieur, fi, c'est affreux !

Oui, car vous ne pensiez pas ce que vous disiez... et moi, je vous écoutais avec confiance, avec délices!.. et malgré tous vos torts, si vous veniez me dire : Micaëla, grâce, je t'aime encore... eh bien! je serais assez faible pour vous excuser.

Vraiment, je suis trop bonne,
Monsieur, repentez-vous,
Pour que je vous pardonne,
Venez vite à mes genoux.

Hélas! loin de moi,
Oubliant la foi
Que vous m'aviez tant promise,
D'une autre beauté,
Quelle indignité !
Votre ame est peut-être éprise ;
Je vous déteste! je vous hais !
Et je veux, à tout jamais,
Bien loin, chasser mes regrets.

Non, monsieur, je ne veux plus vous aimer, je ne veux plus penser à vous!.. Folle que je suis!.. s'il se présentait à mes regards, le bonheur qui brillerait dans mes yeux, trahirait mon cœur et je lui dirais malgré moi :

Vraiment, je suis trop bonne :
Monsieur, repentez-vous,
Allons!.. je vous pardonne,
Tombez vite à mes genoux.

(Stéphen se jette à ses genoux; Micaëla jette un cri, et, stupéfaite, le contemple.)

STÉPHEN.

Micaëla, Micaëla! pardonne-lui, car il est à tes genoux.

MICAELA.

O mon Dieu! est-ce une illusion? un rêve?

STÉPHEN.

Non, Micaëla, non... c'est Stéphen qui est devant toi...c'est Stéphen qui t'ouvre ses bras.   (Il la tient embrassée.)

MICAELA.

C'est lui!.. c'est bien lui... oh! le bonheur fait donc mal aussi?

STÉPHEN.

Pauvre Micaëla... tu as bien souffert?

MICAELA.

Oh! je ne m'en souviens plus... Mais quel miracle te rend à ma tendresse? qui a guidé tes pas jusqu'ici?

STÉPHEN.

Tu vas tout savoir; car j'ai besoin de me justifier à tes yeux... Écoute, chère Micaëla, et juge si je fus coupable. Le jour de notre hymen, un homme jaloux de l'amour que tu me portais, m'appela en duel, au moment de la cérémonie; l'honneur ne me permettait pas de refuser, et tout en acceptant le combat, je dus me taire... La crainte de t'alarmer, et les peines infligées aux duellistes, me commandaient le silence. Je tuai mon adversaire. Après quelques jours d'absence forcée, je revins; tu avais disparu; je m'informai, je partis, long-temps je te cherchai, mais en vain... Quelques indices me firent croire que tu avais passé la frontière et que tu étais en Flandre... alors, plus de repos... je voyageai le jour, je voyageai la nuit; partout je demandais Micaëla, et partout Micaëla manquait à mon amour.

MICAELA.

Et moi qui l'accusais!

STÉPHEN.

Enfin, après avoir visité toutes les villes du Hainaut, du Brabant et de la Flandre, j'arrive ici, à Gand. Je cours aux promenades, dans les églises; mon œil scrutateur te cherche vainement, lorsque le hasard offre à mes yeux, Marie-de-Bourgogne...

MICAELA, avec effroi.

Marie!.. cet inconnu... c'était lui!

STÉPHEN.

Et te l'avouerai-je?.. sa réputation, la tyrannie qu'on fait peser sur elle excitent en moi de l'intérêt... Des idées d'ambition, de gloire, de grandeur, viennent m'agiter!.. je te croyais à jamais perdue pour moi... et mon ame, un moment, se laissa captiver; malgré tous les périls, je m'introduisis dans ce palais, et j'en remercie le ciel, puisqu'il m'a conduit dans les bras de ma bien-aimée, de ma Micaëla.

MICAELA, avec crainte.

Mais Marie...

STÉPHEN.

Oh! ne crains rien... dès ce moment, je te le jure sur ma foi de gentilhomme, son souvenir est banni pour jamais de mon cœur... Je t'ai retrouvée, Micaëla! A toi mes vœux, à toi ma vie, à toi tout mon amour!

MICAELA.

Oh! parle, parle encore... Il y a si long-temps que je ne t'ai entendu... mais ton regard paraît inquiet... Stéphen...

STÉPHEN.

Micaëla... si la princesse venait... si elle me trouvait avec toi... (Micaëla va tirer le rideau sur le portrait et reste à gauche.) Que pourrais-je lui dire?.. comment lui avouer, sans exciter son courroux, que seule tu règnes sur mon ame... il faut que je m'éloigne...

Stéphen, Micaëla.

Micaëla.

MICAELA.

T'éloigner? mais c'est impossible...toutes les issues sont gardées... Ignores-tu qu'un arrêt de mort pèse sur la tête de tout étranger qui osera s'introduire dans le palais.

STÉPHEN.

Comment faire?

MICAELA.

Oh! je ne te quitterai pas!.. mon Stéphen, tu ne m'abandonneras plus, n'est-ce pas?.. tu es toujours mon fiancé... et bientôt, je serai ta femme.

STÉPHEN.

Oui, bientôt.

(Il la presse dans ses bras; à ce moment, Marie soulève la tapisserie du fond, sans être aperçue; elle reste immobile d'étonnement en voyant Micaëla dans les bras de Stéphen.)

SCÈNE IX.

LES MÊMES, MARIE.

MARIE, à part.

Ciel! que vois-je?

MICAELA.

Écoute... cette nuit, nous quitterons ensemble ce palais; mais, jusque-là, il faut te dérober à tous les regards. (Désignant son appartement.) Cette chambre t'offre un asile impénétrable.

STÉPHEN.

Cette chambre?

MICAELA.

C'est la mienne... et je veillerai sur toi.

MARIE, à part.

Trahie!.. j'étais trahie!..

MICAELA.

Allons, beau prisonnier, venez, qu'on vous mette sous les verroux.

AIR : Embarquez-vous, ma toute belle.

Obéissez, je suis sévère,
Il le faut, c'est ma volonté;
Tremblez devant votre geolière
Qui bientôt, vous rendra, j'espère,
Au bonheur, à la liberté!

(Stéphen entre dans la chambre de gauche.)

SCÈNE X.

MICAELA, MARIE.

MICAELA, après avoir baissé la portière se retourne et aperçoit Marie. A part.
Ciel! la princesse... tout est perdu!

MARIE, avec une tranquillité feinte.
Tu m'attendais, Micaëla?.. moi-même j'étais impatiente de venir près de toi, joyeuse que je suis toujours, quand je puis confier mes plaisirs ou mes peines à celle qui sait si bien les partager.

MICAELA, à part.

Je respire... elle n'a rien entendu!..

MARIE.

Je viens un peu plus tard que de coutume; mais ce n'est pas à moi qu'il faut t'en prendre.

MICAELA.

Ne suis-je point aux ordres de ma bienfaitrice, à tous les instans de la journée?

MARIE.

Et même de la nuit, n'est-ce pas?.. si ta présence m'était nécessaire... cette nuit, par exemple...je pourrais compter sur toi...je le sais, et je t'en remercie.

MICAELA.

Ne dois-je pas à ma bienfaitrice un dévoùment sans bornes.

MARIE.

Je ne veux que ton amitié et tes conseils... A propos de conseil, tu n'as pas oublié sans doute celui que je n'ai pas craint de te demander, hier, au sujet de cet inconnu qui osa glisser un billet dans ma main, au moment où j'entrais dans la cathédrale.   (Elle fixe Micaëla, mais sans affectation.)

MICAELA, cachant avec peine son émotion.

Je n'ai rien oublié, madame.

MARIE.

Hé bien! apprends que cet inconnu a cessé de l'être pour moi, et que, si son amour est vrai, son dévoûment sincère, je puis peut-être, avant la fin du jour, placer sur sa tête la couronne de Flandre.

MICAELA, vivement.

Vous, madame!

MARIE.

Est-ce que tu ne me le conseillerais pas?.. s'il m'aime?

MICAELA.

Pardon, mais dans une circonstance aussi grave, je n'ose me permettre... moi, pauvre fille sans expérience... vous seule, madame...

MARIE.

Oui, tu as raison, en pareille circonstance on ne doit consulter que son cœur. (Appuyant.) Et c'est ce que je ferai... Mais occupons-nous d'objets moins sérieux... après l'ennuyeuse conférence que je viens de subir, j'ai besoin de me distraire... Micaëla, cherche à m'égayer... conte-moi quelque folie... ou plutôt, chante-moi une ballade, une romance... tiens, par exemple, celle que tu me fis entendre, il y a deux jours... elle avait je crois, pour refrain : « Voilà comme aime une espagnole. »

MICAELA.

Pardon, ma noble maîtresse, mais je sais à peine cette romance... et je craindrais...

MARIE.

De l'amour-propre, avec moi!.. quel enfantillage! n'es-tu pas sûre de mon indulgence?.. va donc prendre ton luth, et reviens avec confiance.

MICAELA, dont l'embarras augmente.

Si j'osais faire observer à votre altesse...

MARIE, d'un ton impérieux.

Micaëla, obéissez.

MICAELA, interdite.

Oui madame. (A part.) Comme elle m'a regardée!..
(Elle jette des regards inquiets sur la princesse, et entre dans sa chambre.)

SCÈNE XI.

MARIE, seule.

Imprudente!.. penses-tu m'avoir outragée impunément? je connais le secret de ton ame, et malheur à toi! malheur à lui, surtout!.. Il me trahissait!.. au moment où j'allais peut-être l'asseoir sur le trône des ducs de Bourgogne! Comte de Montfort, vous avez été fourbe et dissimulé avec moi; je serai franche avec vous! (Appelant.) Quelqu'un. (Un page paraît ; Marie va s'asseoir et écrit quelques lignes. Musique. Au page.) Remettez en toute hâte ce billet au duc Maximilien, allez.
(Le page sort. Micaëla, tenant un luth à la main, entre en scène ; elle se place debout, à quelque distance de Marie, qui est restée assise dans le fauteuil.)

SCÈNE XII.

MICAELA, MARIE.

MARIE, qui a repris un air calme.

Allons, Micaëla, commence, je t'écoute.

MICAELA, à part.

Puisse mon trouble ne pas tout lui dire!

MARIE.

J'attends.

MICAELA.

Air de la Fête de la Madone. (PANSERON)

Enfant de la belle Castille,
Du ciel en recevant le jour,
Je reçus un rayon d'amour,
Qui de mes yeux s'élance et brille

Celui qui fait battre mon cœur,
Tout haut, je le dis, j'en suis folle !
Voilà comme aime une espagnole ;
Oui, l'amour au grand jour, voilà le vrai bonheur !

(A ce moment, on entend les pas des hommes d'armes que l'on place autour de l'appartement : Micaëla effrayée s'arrête.)

MARIE.

Hé bien ! Micaëla, tu ne continues pas ?..

MICAELA.

Ce bruit ?.. qu'est-ce donc, madame, des hommes d'armes viennent d'être placés autour de mon appartement ?

MARIE.

Oui, c'est par mon ordre... sois sans crainte ; on est à la recherche d'un misérable qui a osé s'introduire dans ce palais et me faire entendre des paroles d'amour... continue.

MICAELA, à part.

Tout est découvert... mon Dieu ! pitié sur lui !.. Oh ! ne nous trahissons pas... il y va de sa vie. (Haut, en s'efforçant de sourire.) Je poursuis.

(Elle chante d'une voix tremblante et qui s'affaiblit peu à peu.)

Même air.

A toi, mon ame et ma tendresse !
T'aimer, c'est mon culte et ma loi :
Aussi, je veux toute ta foi,
Toi qui m'appelles ta maîtresse.
Malheur à qui trompe mon cœur,
Malheur ! celui-là, je l'immole !
Voilà comme aime une espagnole,
La vengeance pour elle est encor du bonheur.

(Micaëla succombe à son émotion, et laisse tomber à terre son luth qui lui échappe des mains : elle est prête à défaillir. Trémolo à l'orchestre.)

MARIE, se levant.

Hé bien ! qu'as-tu donc ?

MICAELA, qui cherche à se remettre.

Moi !.. rien... rien...

MARIE.

Oh ! si. car tu trembles !.. car tu dois trembler... car je sais tout... Micaëla, moi aussi, j'aime comme une espagnole... moi aussi, je me venge comme une espagnole !

MICAELA.

Il est perdu !

SCENE XIII.

MICAELA, LE DUC, MARIE, VANBISHOF, LE SÉNÉCHAL, Hommes d'armes, puis STEPHEN.

LE DUC, l'épée à la main.

Est-il vrai, madame, on a enfin découvert la trace du misérable qui s'est introduit dans le palais ?

MARIE.

Oui, monsieur le duc. (Désignant la porte de Micaëla.) Il est là... dans cette chambre.

LE DUC.

Qu'ordonne votre altesse ?

MARIE.

Entrez. et saisissez-le.

LE DUC.

Et s'il défend sa vie.

MARIE, hésitant.

S'il défend sa vie ?..

VANBISHOP.

Qu'il tombe sous vos coups.

STÉPHEN, sortant de la chambre et remettant ses armes au duc.

Me voici. *

* Micaëla. Stephen. le duc, Vanbishop. Marie. le sénéchal.

LE SÉNÉCHAL.

C'est mon homme !

STÉPHEN.

Madame, j'ai mérité mon sort... à vos yeux, je dois être coupable ; mais pitié pour cette enfant... elle est innocente... Micaëla, adieu !

MARIE, à elle-même.

Je suis vengée !

MICAELA.

Mon Dieu ! comment le sauver ?..

(Le duc fait un geste aux hommes d'armes ; ils emmènent Stéphen, tandis que Micaëla tombe dans un fauteuil en sanglottant, et que Marie jouit de sa vengeance.

FIN DU DEUXIÈME ACTE.

ACTE III.

Une salle du palais ducal, ouverte au fond sur une galerie. Portes latérales.

SCÈNE I.

MICAELA.

(Elle entre vivement et se dirige vers la porte de gauche ; un garde se présente et lui barre l'entrée.)

Chez la princesse !

LE GARDE.

Elle ne reçoit pas. J'ai l'ordre de ne laisser entrer personne.

MICAELA.

Mais cette défense ne peut s'adresser à moi, Micaëla, sa favorite.

LE GARDE.

L'ordre est pour tout le monde.   (Il rentre dans la galerie.)

MICAELA.

Elle refuse de me recevoir !.. ah ! malheureuse, tout est perdu ! Pauvre Stéphen... tout à l'heure, à mes genoux, dans mes bras... et maintenant dans un cachot, sous le coup de la mort !.. Il n'y a qu'un instant, le bonheur, la joie... à présent, le désespoir ! Oh ! mais je veux le sauver, je le sauverai ! oui... Mon projet est bien téméraire, mais le ciel me guidera. Marie a surpris notre entretien, elle sait tout ; je n'en puis plus douter... Stéphen ne cherchera pas à se défendre, et ses juges le condamneront... mais je serai là, moi, pour lutter contre Marie, contre Stéphen et contre ses juges. Il m'en coûtera le bonheur... n'importe... je ne balancerai pas. Mais pour cela il faut que je voie la princesse, que je lui parle... Il faut que je prévienne Stéphen ?.. Oh ! le courage et la patience ne me manqueront pas, mais je crains de mourir avant d'avoir accompli mon projet... la fièvre me brûle, mes pensées se heurtent, se confondent... et je tremble... oui, je tremble de devenir folle.

AIR : Vous avez pleuré. (PANSERON.)

Oui, je le sens, oui, ma tête s'égare ;
Un trouble affreux m'agite malgré moi ;
Est-ce un malheur encor qui se prépare ?
O mon Stéphen, je veux vivre pour toi !
Oui, j'ai l'espoir de lui sauver la vie.
Je puis encor faire ouvrir sa prison ;
Ah ! jusque-là, mon Dieu, je vous supplie,
Ah ! jusque-là, laissez-moi ma raison.   bis.

LE SÉNÉCHAL, dans la coulisse.

Dites à monsieur le duc que toutes les mesures nécessaires ont été prises

MICAELA.

C'est le sénéchal... il peut me servir... je dois le ménager.

SCÈNE II.

MICAELA, LE SÉNÉCHAL.

LE SÉNÉCHAL, entrant de la gauche, et sous un costume plus brillant qu'au 1ᵉʳ acte.

Mon homme est coffré, je suis tranquille maintenant... Vanderlinden, mon ami, vous voilà en beau chemin. (Apercevant Micaëla.) Ah! voici Micaëla... voyons l'effet de ma métamorphose. (Haut.) Salut à la plus charmante!

MICAELA.

C'est vous, sénéchal?.. je ne vous reconnaissais pas sous ce costume.

LE SÉNÉCHAL.

C'est celui de ma nouvelle dignité.

MICAELA.

Il vous sied à ravir.

LE SÉNÉCHAL.

Oh! vous êtes indulgente, vous me flattez... après tout, il est vrai qu'il faut savoir porter ces choses-là.

LE SÉNÉCHAL.

Et qui vous a valu cette subite élévation?

LE SÉNÉCHAL.

Chut!.. c'est un secret!

MICAELA.

De la discrétion... avec moi?.. vous refusez de me dire...

LE SÉNÉCHAL.

Ce que je ne sais pas moi-même... Oui, ma belle, c'est une énigme!... foi de grand-veneur!... Croiriez-vous que je dois cet honneur à ce grand drôle qu'on a arrêté ce matin?

MICAELA.

Comment cela?

LE SÉNÉCHAL.

Je voulais le dénoncer... lorsque la princesse m'ordonna de garder le silence, et m'éleva à cette dignité, pour me récompenser de ma discrétion.

MICAELA.

Vraiment?

LE SÉNÉCHAL.

J'avais cru comprendre alors que le jeune homme... vous m'entendez. Je me disais : On a vu des reines épouser des bergers... mais ne voilà-t-il pas que notre souveraine, un quart-d'heure après, fait saisir elle-même le berger en question... alors, ma foi, je n'y ai plus rien compris, si ce n'est que je suis grand-veneur... pourquoi? ça m'est égal... le principal est que je le sois, et je le suis.

MICAELA.

Je vous en félicite sincèrement, sénéchal.

LE SÉNÉCHAL, avec un désir vaniteux.

Dites grand-veneur, si vous voulez bien... et moi aussi, chère Micaëla, je m'en félicite, puisque c'est un titre de plus que je puis rouler à vos pieds... En avez-vous assez à vos pieds, hein?

MICAELA.

Votre amour pour moi est donc bien grand?

LE SÉNÉCHAL.

Immense, pyramidal, gigantesque, effrayant!

MICAELA.

Eh bien! sénéchal...

LE SÉNÉCHAL, lui rappelant son titre.

Grand-veneur...

MICAELA.

Eh bien! grand-veneur, je veux vous mettre à l'épreuve, et si je suis satisfaite... je vous permets... de tout espérer...

LE SÉNÉCHAL, dans le ravissement.

Oh! oh! oh! ne dites pas de ces choses-là... voyons, reine des anges, empereur des amours!.. que faut-il faire pour vous prouver mon feu?.. ordonnez... je suis prêt à tout, tout, tout, tout! demandez-moi des choses impossibles, des choses mythologiques!... des tours de force et d'esprit... je ferai tout! Oh! tenez, je voudrais être encore au temps des paladins, pour aller, dans un tournoi, rompre une lance sous vos yeux, avec des genouillères en fer battu, un casque d'or et une plume verte!

Il se pose en combattant, et d'une manière ridicule.

MICAELA.

Je serai moins exigeante... écoutez-moi...

LE SÉNÉCHAL.

Tant que vous voudrez.

MICAELA.

Je vais écrire une lettre.

LE SÉNÉCHAL.

A moi?

MICAELA.

Ne m'interrompez pas. Je vais écrire une lettre.

LE SÉNÉCHAL.

Ah! ah!

MICAELA.

Vous prendrez cette lettre... vous vous dirigerez vers la prison dans laquelle est enfermé le gentilhomme français que l'on a arrêté ce matin.

LE SÉNÉCHAL.

Ah! ah!

MICAELA.

Sous un prétexte quelconque, vous parviendrez jusqu'à lui, et quand personne ne pourra vous voir, vous lui remettrez mon billet.

LE SÉNÉCHAL.

Ah! ah!

MICAELA.

Sans lui dire de quelle part il vient, sans me questionner à ce sujet; sans rien supposer, sans vous souvenir même demain de ce que vous aurez fait aujourd'hui.

LE SÉNÉCHAL.

Permettez, chère Micaëla... un semblable message...

MICAELA.

Vous refusez?

LE SÉNÉCHAL.

Non; mais cette lettre, j'en ignore le contenu, et je ne serais pas fâché de savoir...

MICAELA.

Et s'il faut que vous ne sachiez rien?

LE SÉNÉCHAL.

Ah! ah!.. au fait, s'il faut que je ne sache rien.

MICAELA.

Rassurez-vous... ce que je demande n'est contraire ni aux intérêts de la princesse, ni aux vôtres.

LE SÉNÉCHAL.

Et vous me jurez que je ne puis pas me compromettre...

MICAELA.

Je vous le jure.

LE SÉNÉCHAL, à part.

Qui sait; c'est peut-être Marie-de-Bourgogne qui fait faire tout cela... Les femmes sont de vrais labyrinthes... ma foi, je me décide. (Haut.) Micaëla, vous pouvez compter sur moi, je serai votre Mercure; je porterai la lettre; j'en porterai dix, si cela vous fait plaisir... et pour prix de mon obéissance...

MICAELA.

Mon amitié vous est à jamais acquise...

LE SÉNÉCHAL.

Si cela vous était égal, je préférerais votre amour.

MICAELA.

Une femme peut-elle prononcer ce mot.

LE SÉNÉCHAL.

Oh! c'est vrai!.. ne le prononce pas, mais pense-le, ce mot charmant: je respecte ta pudeur... la pudeur est la robe de l'innocence.

MICAELA.

Je vais donc écrire cette lettre...

LE SÉNÉCHAL.

Oui, oui... et quand il me faudrait traverser à la nage des torrens écumeux... je la remettrai à son adresse.

MICAELA.

Très bien. (A part.) Stéphen va être prévenu... il ne s'agit plus que de voir la princesse...: et je saurai bien parvenir jusqu'à elle.

AIR : Vite aux beaux arts etc. (LE RAPIN)
Messire, adieu, de la prudence ;
Nous allons nous revoir bientôt,
Surtout, gardez bien le silence !
LE SÉNÉCHAL.
Je ne soufflerai pas le mot.
Ah! je touche au bonheur suprême !
Femme charmante ! et riche emploi,
MICAELA, à part.
Je sauverai celui que j'aime,
O mon Stéphen compte sur moi !

ENSEMBLE.

LE SÉNÉCHAL.	MICAELA.
Adieu, comptez sur ma prudence,	Messire, adieu, de la prudence,
Nous allons nous revoir bientôt,	Nous allons nous revoir bientôt,
Je saurai garder le silence,	Surtout, gardez bien le silence.
Je ne soufflerai par le mot.	Et n'allez pas souffler le mot.

SCÈNE III.

LE SÉNÉCHAL, puis MARIE.

LE SÉNÉCHAL.

Au fait, qu'est-ce que je risque, en cédant à sa demande? bientôt le délinquant ne sera plus de ce monde...C'est égal, c'est singulier ! et je parierais... Vanderlinden, pas de curiosité... ne cherchez pas à deviner ce que cache ce mystère...d'abord, parceque vous ne devineriez rien... et ensuite... non, non... restons heureux les yeux fermés... « Je vous permets de tout espérer » m'a dit Micaëla... Tout !.. vaurien que je suis! C'est inouï! Il y a des gens qui courent ventre à terre après le bonheur, sans pouvoir l'attraper... moi. c'est différent... c'est le bonheur qui me poursuit, et ma foi, je me laisse attraper!.. Silence, voici la princesse...Ah ! mon Dieu ! comme elle paraît abattue !..

AIR de Pauvre Jacques.
Quel air de tristesse,
Et quelle pâleur !
Redoublons d'adresse,
En adroit flatteur ;
Chasser sa tristesse,
C'est une faveur.
MARIE, entrant de la gauche
Hélas ! la vengeance,
Pour qui sait aimer,
Double la souffrance
Loin de la calmer.
LE SÉNÉCHAL.
Quel air de tristesse ! etc.
MARIE.
ENSEMBLE.
Amour et tendresse,
Fuyez de mon cœur ;
Tout n'est que tristesse,
Tout n'est que malheur.
LE SÉNÉCHAL. à part.

Elle ne me voit pas.
MARIE. à part.
Les imprudens! les ingrats!
LE SÉNÉCHAL, à part.
Présentons-lui mes hommages... et tâchons de la distraire par quelques gracieusetés.
MARIE. à part.
Ils voulaient fuir ensemble... cette nuit !
LE SÉNÉCHAL. s'approchant. Haut.
Permettez. noble princesse...
MARIE.
Que me veut-on?... ah! c'est vous... A part. Cet homme me déplait...

c'est lui qui a donné à Stéphen l'entrée du palais, et sa vue me fait mal. (Haut.) Que voulez-vous?

LE SÉNÉCHAL.

Remercier sa hautesse de la faveur insigne qu'elle m'a accordée... et lui dire que son grand-veneur lui est aussi dévoué que son ex-sénéchal.

MARIE.

C'est bien... est-ce là tout?

LE SÉNÉCHAL.

Vous savez, princesse, que l'insensé qui a souillé de sa présence votre palais, est maintenant en lieu de sûreté. J'ai voulu assister moi-même à son installation.

MARIE.

Je vous remercie, messire; j'ai bonne mémoire, et je n'oublie aucun service.

LE SÉNÉCHAL, s'inclinant et à part.

Est-ce qu'elle voudrait me nommer encore quelque chose?.. (Haut.) Je n'ai fait que mon devoir, princesse; j'avoue que j'ai eu une certaine satisfaction à voir incarcérer notre homme... Ce sont bien là les jeunes gens!.. leur imagination travaille! leur tête s'échauffe!.. brrr! les voilà partis!.. ils ne doutent de rien... Ils osent regarder en face des trônes et des princesses... Ils ne savent pas que ça brûle les yeux... Heureusement, nous sommes là pour réprimer la fougue de ces écervelés.

MARIE, impatientée.

C'est bien, messire... assez... Rendez-vous auprès du duc Maximilien, et dites-lui de me venir trouver... allez.

LE SÉNÉCHAL, à part.

Elle n'est pas aussi aimable que ce matin, la princesse; heureusement, que j'ai en poche ma nomination de grand-veneur.   (Il s'incline et sort.)

SCÈNE IV.

MARIE, seule.

Quel tourment j'éprouve!.. ah! qu'il me tarde qu'on le juge, qu'on le condamne... Le cruel!..puisse-t-il éprouver la moitié de mes souffrances... Quand, au lieu de le punir de son audace, j'ai eu la faiblesse de l'écouter sans colère, de lui jeter une espérance... il me trompait! j'étais la dupe d'une passion mensongère!

AIR : Il fut toujours mon compagnon fidèle.

Quand il m'offrait son appui, sa tendresse,
Moi, je croyais à ce beau dévoûment;
La fausseté dictait chaque promesse...
Ah! pour punir son langage insolent,
Oui, je réclame un juste châtiment.
Impunément, a-t-il pensé le traître,
A-t-il donc cru me pouvoir outrager?
Femme, j'oublirais tout peut-être;
Mais je suis reine, et je dois me venger.

En le punissant, d'ailleurs, c'est punir Micaëla... Micaëla... je ne puis croire, cependant... mais n'est-elle pas coupable aussi, puisqu'elle en est aimée?.. Oh! que je souffre!.. Déjà le duc...

SCÈNE V.

MARIE, LE DUC.

LE DUC.

Princesse, je me rends à votre invitation.

MARIE.

Monsieur le duc, j'ai témoigné le désir de voir juger promptement l'homme que j'ai fait arrêter. A-t-on exécuté mes ordres?

LE DUC.

Avant une heure, noble dame, les échevins seront réunis dans la salle voisine, et l'affaire sera bien vite jugée: nous avons des charges suffisantes; quoique cet étranger ait été saisi dans la chambre de Micaëla, tout nous prouve qu'il ne s'était introduit ici que pour arriver jusqu'à vous.

MARIE.

Vous vous trompez, peut-être...

LE DUC.

Non pas, car cet homme a été plusieurs fois remarqué sur votre pas-
sage... vous sembliez être l'objet de toute son attention, de toutes ses pour-
suites... De plus, j'ai appris par des gardes du palais, qu'il avait, à force
d'argent sans doute, gagné le sénéchal, afin qu'il le fît passer pour son
parent. Ce Vanderlinden, ce félon sera puni comme il le mérite. Le premier échevin a donné l'ordre de s'emparer de sa personne, et bientôt il
sera interrogé.

MARIE.

Interrogé... à quoi bon ?.. qu'on le bannisse, je le préfère.

LE DUC.

Il suffit, nous le bannirons... mais laissons là ces petits ennuis d'un
moment, qui sont venus troubler cette délicieuse journée... Savez-vous,
belle Marie, que j'ai à vous adresser des complimens par milliers...

MARIE.

A moi, monsieur le duc ?

LE DUC.

Sans doute... en faisant arrêter, vous-même cet étranger, ne m'avez-
vous pas donné la preuve que j'ai bien interprété les sentimens de votre
ame.

MARIE.

Duc, je vous ai déjà dit...

LE DUC.

Ce que vous ne pensiez pas, madame; pardon, accusez-moi de fatuité,
d'audace même, si vous voulez; mais je suis certain d'occuper quelque
place dans ce joli cœur; ce qui vient de se passer m'en donne la plus douce
assurance... Oh! je sais que vous n'en ferez pas l'aveu, et pourtant mon
amour serait si discret!.. je jouirais de mon bonheur en avare, sans en
parler à personne... Pourquoi, belle princesse, vous complaire à me tour-
menter?

MARIE.

Assez, monsieur le duc, assez!..

LE DUC.

Je me tais, madame; mais n'oubliez pas qu'après le jugement qui va
être prononcé... nous en attendons un autre... et que je suis au nombre
des accusés.

MARIE.

Vous?

LE DUC.

Air : Oui, je promets. (PRÉVILLE ET TACONNET.)

Par tout le monde, oui, je suis soupçonné
D'avoir volé le cœur d'une princesse,
Je tremble, hélas, de me voir condamné !
Car j'ai commis ce vol... tout bas, je le confesse...
De me sauver, vous avez le moyen,
Ah! dites-leur, afin que tout s'arrange,
Que, pour ce cœur, j'ai donné tout le mien,
Et que Marie accepte cet échange;
Daignez, madame, accepter cet échange.

MARIE, à part.

Qu'il me fatigue!.. (Haut.) Duc, c'est devant toute ma cour que je vous
répondrai... et d'ici là, n'oubliez pas qu'en amour, le plus sûr moyen d'ob-
tenir, est souvent de ne rien demander.

LE DUC.

J'attendrai, belle dame ; je vous laisse... je cède la place à votre favorite qui vient de ce côté.   (Il remonte la scène.)

MARIE, troublée.

Micaëla !

LE DUC, redescend à gauche ; à part.

Elle redoute l'explosion de son amour; mais elle a beau se débattre,
elle est prise ! elle est prise !   (Il salue et sort par le fond à droite.)

SCENE VI.

MARIE, MICAELA, entrant de la gauche.

MARIE, à part.

La voilà... que peut-elle espérer?

MICAELA, à part.

Je tremble!.. oserai-je soutenir ses regards?.. oserai-je lui dire?.. Oh! il le faut... je n'ai que ce moyen... elle l'aime, elle se laissera tromper. (S'approchant de Marie. Haut.) Madame, je viens auprès de vous...

MARIE.

Pour implorer ma pitié, n'est-ce pas?..

MICAELA.

Non, madame, pour demander justice... pour dissiper les doutes affreux qui vous tourmentent... pour ramener dans votre cœur le bonheur et la joie... pour sauver un innocent!

MARIE.

Quel langage?

MICAELA.

Écoutez-moi, madame, car les apparences vous ont entraînée bien loin... car de tout ce qui vient de se passer vous ne savez que la moitié...

MARIE, à part.

Que veut-elle dire?..

MICAELA, à part.

O mon courage, ne m'abandonne pas! (Marie lui fait le signe de continuer.)

MICAELA.

Hier, madame, un gentilhomme s'introduisit dans le palais, pour voir une dame de la cour, la plus belle, la plus noble, entre les plus nobles et les plus belles... la reine enfin!... La passion la plus violente lui avait fait braver tous les périls... après une nuit d'attente et de dangers, il venait d'entrevoir celle qu'il adorait... Caché derrière une tapisserie, évitant tous les regards, il attendait son retour, lorsque le hasard lui fit rencontrer la favorite de la princesse. La favorite connaissait les pensées de sa maîtresse... elle accueillit le gentilhomme; celui-ci la conjurait de le guider vers sa noble dame, en protestant de son amour et de son dévoûment... quand tout à coup, un bruit léger se fit entendre dans la galerie voisine... on les avait surpris!.. un homme écoutait... cet homme, c'était le tuteur de la princesse, messire Vanbishop!

MARIE.

Mon tuteur... il se pourrait!

MICAELA.

Le gentilhomme, alors, pour ne pas compromettre l'honneur de la princesse, feignit d'adresser ses hommages à la favorite, qui dut les accepter... Tous deux faisaient leur devoir, et cependant, quelques instans après, gentilhomme et favorite étaient traités en coupables; l'une indignement repoussée, l'autre traîné en prison.

MARIE.

Micaëla!.. as-tu dit vrai!.. oh! non, c'est impossible, tu me trompes... oh! je t'en supplie, ne me trompe pas... Ce que tu viens de me dire là... c'est faux, n'est-ce pas?.. oui, c'est faux... car nous nous sommes trouvées seules, toutes deux, et tu ne m'as rien dit.

MICAELA.

On écoutait encore... on avait les yeux sur nous... ou, du moins, je le craignais. Ne devais-je pas, avant tout, songer à votre honneur?.. et quand vous croyant outragée, vous fîtes venir vos hommes d'armes, me fût-il possible de parler? non, je dus me taire; lui, aussi.

MARIE, à part.

Ah! je n'ose me laisser aller au bonheur de la croire... c'est pour le sauver, peut-être. (Haut.) Micaëla, Micaëla, crains de me tromper!

MICAELA.

Je ne crains rien, madame... et pour n'avoir plus à souffrir l'humiliation de vos soupçons, je préviens votre altesse que demain je quitterai ce palais.

MARIE.

Toi, me quitter?

MICAELA.

J'ai aussi ma fierté. madame... vous m'avez méconnue...votre confiance,
je ne pourrais plus la reconquérir... mieux vaut m'éloigner de ces lieux.

MARIE.

Mais que vas-tu faire?

MICAELA.

Me marier.

MARIE.

Te marier, et avec qui?

MICAELA.

Le sénéchal m'aime... je l'épouserai.

MARIE.

Le sénéchal? lui qu'hier encore, tu poursuivais de tes railleries...

MICAELA.

J'avais tort. cette union me convient; le sénéchal m'adore, je serai la
maîtresse; il est vieux, je serai coquette; il est riche, je brillerai... que
puis-je espérer de mieux?..

MARIE, à part.

Oh! j'en suis sûre, maintenant... elle a dit vrai... Stéphen était innocent.
(Haut.) Micaëla, j'ai été coupable envers toi... mais je veux te forcer à
m'aimer encore... puisque cet hymen satisfait ton ambition, il s'accom-
plira, aujourd'hui même... et si je perds ma favorite, je veux conserver
mon amie... oh! je suis bien heureuse, Micaëla!..

MICAELA.

Et moi aussi, madame.

MARIE.

J'aperçois le sénéchal... il arrive à propos.

SCENE VII.

MICAELA, LE SÉNÉCHAL, MARIE.

LE SÉNÉCHAL, accourant.

Grace, ma noble souveraine, grace!.. vous voyez un homme perdu! un
homme noyé!.. un homme qui rend son avant-dernier soupir, si vous n'a-
vez pitié de lui.

MARIE.

Qu'avez-vous. sénéchal?

LE SÉNÉCHAL.

Ce que j'ai, princesse...oh! c'est un malheur horrible qui me glace, qui
me coupe les jambes, qui me fige le sang!..

MARIE.

Mais enfin?

LE SÉNÉCHAL.

On me chasse. grande souveraine, on me bannit!.. on m'exile au fin
fond du monde...afin que je ne revienne pas...vous connaissez mon crime,
j'ai été trompé par ce grand serpent... mais j'ignorais ses projets... je les
ignore encore... qu'on le charge de fers. le gueusard! il le mérite : mais
qu'on me laisse ma liberté... qu'on le fasse mourir par toute sorte de sup-
plices. mais qu'on épargne mes cheveux gris... ils n'ont rien à se repro-
cher. mes pauvres cheveux gris; je le jure par les mânes de mes trois
épouses!   (Il tombe aux pieds de Marie.)

MARIE.

Relevez-vous. sénéchal... vous avez commis, il est vrai, une grande
faute : mais votre repentir et votre obéissance peuvent la racheter.

LE SÉNÉCHAL. se relevant.

Oh! oui, je vous jure de me repentir... je ne ferai que ça du matin au
soir... quant à mon obéissance... parlez! que faut-il faire? qu'ordonnez
vous? je suis préparé à tout...

MARIE.

Il faut d'abord accepter une pension de cinq cents rixdalles.

LE SÉNÉCHAL.

Pardon. ma noble souveraine. je n'ai pas entendu.

MARIE.

Il faut d'abord accepter une pension de cinq cents rixdalles.

LE SÉNÉCHAL, ébahi.

Moi?.. cinq cents rixdalles... princesse...

MARIE.

Vous refusez?

LE SÉNÉCHAL.

Non, princesse, non... j'accepte, sans me plaindre... je suis préparé à tout... (A part.) Il est probable que je dors.

MARIE.

Il faut, en outre, que vous preniez le titre de comte d'Oudenarde...

LE SÉNÉCHAL.

Comment, madame? moi, comte?..

MARIE.

Vous refusez?..

LE SÉNÉCHAL.

Non, princesse, non... j'accepte... sans me plaindre... je suis préparé à tout. (A part.) C'est une vision!

MARIE.

Il faut enfin que vous épousiez une femme jeune et jolie, que j'aime comme une sœur... en un mot, Micaëla.

LE SÉNÉCHAL, au comble de l'étonnement.

Micaëla... l'épouser!.. moi? oh! ma noble souveraine veut plaisanter son pauvre sénéchal... c'est une punition, sans doute.

MARIE.

J'ai dit la vérité.

LE SÉNÉCHAL, à part.

Je voudrais me voir dans une glace pour m'assurer que je suis bien moi...

MARIE.

Eh bien! ce dernier ordre vous déplaît-il?

LE SÉNÉCHAL.

Me déplaire, oh! ciel!.. Micaëla au lieu de l'exil... mais c'est le miel substitué au poison! le soleil au brouillard... la joie à la torture!.. ah! princesse... la surprise, la reconnaissance... ah! c'est trop! c'est trop!.. j'en pleure, j'en ris, j'en divague!.. et Micaëla consent?.. vous consentez, Micaëla?..

MICAELA.

A devenir votre femme, oui, sénéchal!

LE SÉNÉCHAL.

Elle a dit : Oui, sénéchal!..tout cela est vrai!..ah! maintenant, rien ne peut plus m'étonner sur terre... l'impossible est possible...l'incroyable est croyable!..

Air : Ces postillons.

Que les zéphirs annoncent la tempête,
Que l'on grelotte au beau milieu du feu,
Que les humains marchent tous sur la tête,
Qu'on nomme vert ce qu'on appelait bleu,
Rien ne peut plus me surprendre, mon Dieu;
De superflu que chaque peuple vive,
Qu'on voie, au soir, le soleil se lever,
Je croirai tout... après ce qui m'arrive,
Oui, tout peut arriver. (bis.)

MARIE, à Micaëla.

Es-tu contente de moi?

MICAELA.

Oui, madame, bien contente.

LE SÉNÉCHAL.

Elle m'aimait! (A Micaëla.) Charmante dissimulée, vous voulez donc devenir ma quatrième?.. eh bien! vous la serez...et, malgré mes cheveux blancs, vous ne vous en repentirez point... je vous prouverai que sous la neige on trouve encore à cueillir... des violettes... (A part.) Je sens que je n'ai plus peur, car je redeviens aimable.

MARIE, à part.

Stéphen, il n'aimait que moi, et il se dévouait aussi généreusement!

MICAELA, bas au sénéchal.

Sénéchal, vous m'avez promis...

LE SÉNÉCHAL.

De faire parvenir une lettre au prisonnier.

MICAELA, lui remettant un papier cacheté.

La voici.

LE SÉNÉCHAL.

Il l'aura.

MICAELA.

A l'instant?

LE SÉNÉCHAL.

A l'instant.

MARIE, au sénéchal.

Comte.

LE SÉNÉCHAL se retourne, ne sachant à qui s'adresse la princesse; il se rappelle
bientôt son nouveau titre et s'incline.

Ah!.. j'oubliais, c'est à moi... ça s'est fait si vite...

MARIE.

Comte, allez, avec votre jolie fiancée, faire les apprêts de votre mariage : je veux qu'il se célèbre aujourd'hui même dans la chapelle du palais... nous y assisterons en personne.

LE SÉNÉCHAL.

Ah! princesse, quel honneur! (A part.) Je donnerais une foule de choses,
pour être à demain matin; car d'ici là, le vent pourrait bien encore changer.

MARIE.

Avant tout, vous ferez conduire ici le prisonnier; je veux le voir, l'in-
terroger.

MICAELA, à part.

Il est sauvé.

LE SÉNÉCHAL.

Il suffit, princesse... (A part.) Bonne occasion pour remettre ma lettre.
(A Micaëla.) Venez, charmante comtesse d'Oudenarde.

MICAELA, à part.

Ah! Stéphen, puisse ce sacrifice assurer ton bonheur.

ENSEMBLE.

AIR de Don Juan.

MARIE.	LE SÉNÉCHAL.	MICAELA.
Elle est comtesse!	Venez, comtesse.	Être comtesse,
Plus de tristesse;	Quelle allégresse!	Quelle tristesse!
Heureux espoir,	Heureux espoir,	Ah! plus d'espoir!
Je vais donc le revoir.	Je l'épouse, ce soir.	Je ne dois plus le voir.

Micaëla sort avec le sénéchal.

SCÈNE VIII.

MARIE, seule.

C'est moi qu'il aimait!.. et c'est moi qui l'ai livré à ses juges... à ses
bourreaux, peut-être... Stéphen, devais-je te faire un crime de tant d'a-
mour?.. Ah! je serais la plus insensible, la plus cruelle des femmes, si
je ne partageais pas tes sentimens si tendres, si je ne te sauvais point!..
Oui, je réparerai mes torts; je le dois, je le veux... j'en prends ici le ciel
à témoin! (Musique. Elle regarde vers la galerie de droite.) Le voici!.. ah! bientôt, ces gardes qui l'entourent se courberont devant lui.

SCÈNE IX.

MARIE, STÉPHEN, entouré d'hommes d'armes.

STÉPHEN, à part.

La princesse,

MARIE. Elle fait un geste aux gardes qui se retirent au fond du théâtre. A Stéphen.
Approchez, comte de Montfort.

STÉPHEN, faisant quelques pas vers elle.

Madame...

MARIE.

Oh! ne détournez pas ainsi vos regards... si j'ai été injuste et cruelle
envers vous, pardonnez-moi, Stéphen.

STÉPHEN.

Vous pardonner, madame, quand c'est moi qui devrais vous demander grace...

MARIE.

Chevalier, personne ici ne nous écoute... mon honneur est à l'abri... soyez sans crainte... ne cherchez donc plus à déguiser votre pensée ; que vos paroles soient libres et franches !

STÉPHEN.

Elles l'ont toujours été, madame.

MARIE.

Oh! bientôt, je vous ferai oublier mes injustices... car je sais tout. Stéphen... car Micaëla...

STÉPHEN.

Micaëla vous a trompée, madame.

MARIE.

Trompée!..

STÉPHEN.

Oh! pardonnez-lui; la pauvre enfant, elle se sacrifiait!..Oui, madame, cette Micaëla, dont j'avais payé la tendresse par le plus coupable abandon... cet ange de bonté voulait se dévouer pour moi, se dévouer pour vous... mais ce dévoûment, je le refuse, je le repousse, car il y aurait lâcheté à moi de l'accepter.

MARIE.

Je ne vous comprends pas.

STÉPHEN, lui donnant une lettre.

Lisez, madame.

MARIE, prenant la lettre.

Cette lettre?

STÉPHEN.

Lisez.

MARIE, ouvrant la lettre, et cherchant d'abord la signature.

Micaëla!... (Lisant.) « Mon Stéphen...» (A part.) Son Stéphen ! « Ta vie est » en danger ; si tu meurs, je meurs ; laisse-moi te sauver ; pour cela, il » faut me perdre, je me perdrai !... Ecoute. Tu es aimé de Marie-de- » Bourgogne ; un avenir glorieux se prépare pour toi ; accepte-le, il le » faut ; je le veux !... pour te forcer à être heureux, je renonce à toi. Ce » soir, j'appartiendrai à un autre. J'ai dit à Marie que tu l'aimes, que tu » n'aimes qu'elle... que ce matin, on nous écoutait quand tu me parlais » de tendresse... qu'il t'a fallu mentir... tu dois comprendre... Laisse-lui » donc son erreur, et tu es sauvé!.. à Marie tes hommages! à Marie ton » amour!... à Micaëla, un souvenir !... adieu. » (Lui rendant la lettre.) Ainsi, vous me trompiez!!!

STÉPHEN.

Oh! Dieu m'est témoin, madame, que, lorsque je vous jurai un dévoûment sans bornes, mon cœur était d'accord avec mes lèvres... mais en revoyant celle qui avait reçu mes premiers sermens, je ne fus plus maître de ce cœur qui lui appartenait... et je devins ingrat envers vous, pour n'être point parjure envers elle.

MARIE, à part.

Oh! c'est affreux!.. Micaëla! Micaëla!.. et je suis forcée de l'admirer!.. oui, car c'est beau, ce qu'elle faisait là... oh! elle l'aime bien aussi, elle!.. O ma couronne, mon trône! vous ne valez pas un battement de cœur de celui que l'on aime!   (Musique.)

SCÈNE X.

MARIE, STÉPHEN, VANBISHOP.

(Vanbishop fait signe à Stéphen de se remettre sous la garde des hommes d'armes. Stéphen obéit et remonte la scène.)

VANBISHOP, à Marie.

Madame, le tribunal est assemblé, et je viens chercher votre altesse pour qu'elle y préside.

MARIE.

Il suffit... Mais avant, messire, dites-moi quelle issue vous prévoyez à ce jugement ?

VANBISHOP.

C'est bien simple, princesse. L'ordonnance porte que l'on punira de mort quiconque s'introduira dans le palais. L'accusé s'est introduit, il mourra... du moins, j'aime... c'est un exemple qui nous profitera.

MARIE, à part.

Il mourra!... (Haut.) Et cette sentence une fois rendue...

VANBISHOP.

Personne au monde ne pourra en suspendre l'exécution.

MARIE.

Cependant, si tel était notre bon plaisir ?

VANBISHOP.

Votre altesse ne le pourrait point : sa volonté serait impuissante devant la loi, car vous êtes mineure, sous la tutelle des échevins de la ville de Gand, et vous n'avez pas le droit de faire grace... ce pouvoir ne vous sera dévolu qu'à l'époque de votre majorité.

(Il remonte la scène et va parler aux hommes d'armes.)

MARIE, à part.

Ma majorité!... je ne puis le sauver!.. il faut qu'il meure... oh! non, cela ne doit pas être... Que faire? mon Dieu!

VANBISHOP, à Marie.

J'attends votre altesse.

MARIE, après un moment d'indécision.

Je suis prête... allons au tribunal.

(Musique.—Vanbishop et Marie entrent dans la salle de droite, sans jeter un regard sur Stéphen.)

SCÈNE XI.

MICAELA, STÉPHEN, HOMMES D'ARMES.

(Micaëla entre vivement par la gauche, s'assure du départ de Marie, et court vers Stéphen.)

STÉPHEN, qui, à la vue de Micaëla, a descendu la scène.

Micaëla !

MICAELA, se jetant dans ses bras.

Cher Stéphen!... Libre encore, je viens te dire un dernier adieu. Dans une heure, un autre que toi aura reçu les sermens de la pauvre Micaëla... dans une heure, une barrière éternelle sera élevée entre nous.

STÉPHEN.

Et dans une heure, Stéphen se préparera à mourir.

MICAELA.

Toi, mourir!... oh! non, car un mot de Marie-de-Bourgogne peut briser tes fers et te placer sur son trône, à côté d'elle... et ce mot, elle le dira... oh! elle le dira, car elle t'aime!

STÉPHEN.

Ce mot, Micaëla, elle ne le dira pas ; car elle connaît toute la vérité, car je lui ai tout avoué.

MICAELA.

Grand Dieu! qu'as-tu fait !

STÉPHEN.

J'ai démenti tes paroles mensongères... j'ai dit à Marie, que pour toi seule j'avais de l'amour; car lui laisser son erreur, c'était manquer à ma foi de gentilhomme, c'était jeter sur moi la honte et le déshonneur.

MICAELA.

Mais malheureux, tu viens de prononcer toi-même ton arrêt ?

STÉPHEN.

Tu as pu penser que j'accepterais ton cruel sacrifice ?.. que je consentirais à te voir devenir la femme d'un autre... d'un autre que tu ne peux aimer, et qui t'apporterait en échange de ton dévoûment le désespoir et le deuil... oh! non, non, cela ne pouvait être.

MICAELA.

Et c'est pour moi!.. mais je te l'ai dit, Stéphen, si tu meurs, je mourrai!..

STÉPHEN.

Toi, toi si jeune et si belle... oh! tais-toi!.. il faut que tu vives, entends-tu, il le faut!... je l'exige au nom de notre amour,... oh! jure-le-moi!.. jure-moi d'être plus forte que ton désespoir... Micaëla, je t'en supplie à mains jointes... songes-y bien... c'est le vœu d'un mourant.

AIR : Faut l'oublier.

Oui, c'est ma volonté dernière,
Ah ! consens à ne pas mourir !
Pour me donner un souvenir,
Pour me donner une prière,
Au condamné promets cela...
Laisse-lui l'espoir plein de charmes,
Sur l'herbe qui le couvrira,
Que l'on viendra verser des larmes !...
Si tu n'es plus... qui donc viendra ?
Oui, tu viendras verser des larmes !...
Si tu n'es plus... qui donc viendra ?

SCÈNE XII.

MARIE, STÉPHEN, VANBISHOP, entrant de la droite.

VANBISHOP, aux hommes d'armes.

Conduisez l'accusé devant ses juges...   (Il rentre à droite.)

STÉPHEN.

Je vous suis.

MICAELA, avec fermeté.

Stéphen, adieu !.. je t'obéirai... je serai forte... que mon courage sou-
tienne le tien...

STÉPHEN, lui baisant les mains.

Bien, Micaëla, bien... ah ! maintenant, je puis braver mes juges et leur
sentence. Adieu... à toi ma dernière pensée !.. (Se plaçant au milieu des hommes
d'armes.)Marchons !..   (Ils sortent par la droite. — Musique.)

SCÈNE XIII.

MICAELA, seule.

(Dès que Stéphen est sorti, elle fond en larmes, et se laisse aller au plus violent désespoir.)

Je ne le reverrai plus !.. perdu !.. il est perdu !.. oh ! mon Dieu ! n'auras-
tu pas pitié de lui ?.. Si j'allais me jeter aux pieds de la reine... aux pieds
des échevins !.. mais que leur dire... quels sont mes droits pour les implorer... ils me repousseraient !.. Pauvre Micaëla... pleurer, voilà désormais
ton destin !.. (Elle regarde vers la chambre de droite.) Ses juges sont là... je les
vois... ils se lèvent !.. ils se consultent !..

AIR de Riquet.

L'effroi vient me glacer !
Partout on fait silence ;
O ciel ! c'est la sentence
Que l'on va prononcer,
Ah ! veillez sur son sort.
Mon Dieu ! je vous supplie !
Ah ! laissez-lui la vie !..

(Musique. — Roulement de timbales.)

VANBISHOP, en dehors.

« Les témoins entendus, les voix recueillies... nous, échevins de la ville
» de Gand, en vertu de nos pouvoirs et de l'ordonnance rendue par nous...
» condamnons le chevalier Stéphen de Monfort, à la peine de mort. »

MICAELA, achevant l'air.

La mort !.. la mort !..

Et il veut que je vive !.. ah ! oui... pour prier sur sa tombe...

(Elle tombe à genoux et prie.)

SCÈNE XIV.

MICAELA, MARIE, puis LE SÉNÉCHAL.

MARIE, sortant de la chambre du conseil de droite.

Condamné !.. ils l'ont condamné... (Apercevant Micaëla qu'elle relève.) Ah !
malheureuse, tu étais là... tu as entendu...

MICAELA, s'éloignant de Marie et reculant d'indignation.
Ah! laissez-moi! laissez-moi; car vous l'avez fait condamner.

MARIE, la retenant.
Reste là... attends encore pour me juger.

LE SÉNÉCHAL, entrant vivement.
Princesse, je viens annoncer à votre altesse que, suivant ses ordres, j'ai
fait avertir le chapelain qui doit bénir mon union avec la belle Micaëla...
il attend.

MARIE.
Vous! l'époux de Micaëla!... vous... Qui a pu vous donner une telle espérance?

LE SÉNÉCHAL, étourdi.
Qui? moi?... mais, pardon, sublime princesse... j'avais cru... il me semblait... mais du moment que... (A part.) Je retombe dans mes visions.

MARIE, à Micaëla.
Micaëla... Marie-de-Bourgogne ne sera pas moins généreuse que toi!...
Sénéchal, attendez mes ordres.   (Musique.)

SCENE XV.

LE SÉNÉCHAL, MICAELA, LE DUC, VANBISHOP, MARIE, STÉPHEN.
au fond, HOMMES D'ARMES, qui le conduisent, ÉCHEVINS, PAGES, PEUPLE.

MARIE, à demi-voix aux gardes.
Arrêtez. (Haut.) Duc Maximilien, et vous messieurs les échevins, votre
souveraine vous demande la grace du comte de Montfort?

VANBISHOP, après avoir consulté les échevins.
Il nous en coûte de refuser à notre auguste princesse... mais l'arrêt du
tribunal est irrévocable...

MARIE, avec énergie.
Vous me refusez! et que suis-je donc ici?..moi, fille de Charles-le-Téméraire?.. Messieurs mes tuteurs!.. je vous abandonne tous mes autres
droits; mais celui de faire grace, je le veux, je le réclame!.. car ce droit
est le plus beau, le plus sacré des priviléges de la royauté!.. parce que je
suis sous votre tutelle, vous me refusez le droit d'être généreuse...eh bien!
cette tutelle, je m'en affranchis!.. J'ai pris l'engagement de donner aujour-
d'hui même un souverain aux états de Flandre? l'instant est venu d'accomplir ma promesse. (A Vanbishop.) Placez-vous là, messire, et écrivez:
(Vanbishop s'assied près de la table et écrit.) Moi, Marie-de-Bourgogne, je dé-
clare prendre pour époux, l'archiduc Maximilien d'Autriche, ici présent,
qui devient mon premier sujet.

LE DUC.
Ah! princesse!.. (A part. J'en étais sûr!
                    (Vanbishop lui présente la plume, elle va signer.)

MARIE, après avoir signé.
Et le premier acte de la puissance que me donne mon mariage, est la
grace pleine et entière que j'accorde au comte de Monfort!

TOUS.
Vive Marie-de-Bourgogne!

MICAELA.
Sa grace!

STÉPHEN.
Ah! madame, quelle noble vengeance!.. Micaëla!
                    Il tombe aux genoux de Marie, dont Micaëla baise les mains.

MARIE, bas à Micaëla et à Stéphen.
Assez, assez... pour être heureux, attendez que je ne sois plus là. (Haut.
Comte de Monfort, conduisez votre fiancée à la chapelle... l'autel est prêt,
le ministre vous attend.

LE SÉNÉCHAL.
Comment il épouse ma quatrième femme? ah ça! et moi, princesse, et
moi?..

MARIE.
Vous, sénéchal... vous servirez de père à notre jeune orpheline.

LE SÉNÉCHAL.
De père... (Prenant une mine gracieuse. Toujours comme comte d'Oudenarde?

MARIE.

Toujours comme comte d'Oudenarde !..

LE SÉNÉCHAL, à part.

Si la femme m'échappe... du moins le titre me reste.

VANBISHOP.

Princesse, nous vous félicitons au nom de votre peuple qui applaudira à votre choix.

MICAELA, à Marie.

Et nous, madame, nous vous bénirons toute notre vie.

TOUS.

Vive Marie-de-Bourgogne !

(Stéphen donne la main à Micaëla, Marie reste accablée ; le duc s'approche d'elle, et la remercie. Tableau. L'orchestre joue l'introduction de Fra-Diavolo.

FIN.

Nota. S'adresser, pour la musique de cette pièce, à M. Adolphe, chef d'orchestre au théâtre